出乎史，入乎道，欲知大道，必先为史。

——(清)龚自珍

论历史教育的魅力

——源自心底的多元解读

杨朝晖　主编

首都师范大学出版社
CAPITAL NORMAL UNIVERSITY PRESS

图书在版编目(CIP)数据

论历史教育的魅力：源自心底的多元解读/杨朝晖主编．—北京：首都师范大学出版社，2020.10(2024.6 重印)

ISBN 978-7-5656-6028-3

Ⅰ.①论… Ⅱ.①杨… Ⅲ.①中学历史课—教学研究 Ⅳ.①G633.512

中国版本图书馆 CIP 数据核字(2020)第 204721 号

LUN LISHI JIAOYU DE MEILI

论历史教育的魅力

——源自心底的多元解读

杨朝晖　主编

责任编辑　林　尧

首都师范大学出版社出版发行

地　　址　北京市西三环北路 105 号

邮　　编　100048

电　　话　68418523(总编室)　68982468(发行部)

网　　址　http://cnupn.cnu.edu.cn

印　　刷　北京印刷集团有限责任公司

经　　销　全国新华书店

版　　次　2020 年 10 月第 1 版

印　　次　2024 年 6 月第 2 次印刷

开　　本　710mm×1000mm　1/16

印　　张　15.75

字　　数　195 千

定　　价　45.00 元

道之所存，师之所存

（代序）

在中国古代教育家看来，教育中的“道”与“业”是相关联的，又是有区别的。教师向学生讲授知识、传播智慧，这仅是在“授业”，而更重要的是使学生明白真理的价值、人生的意义，即“传道”。教师的工作看上去是在“授业”，然而，实际上“传道”则是最基本和最重要的，“业”只是“道”的具体化，是实现“道”的途径。因此，“道”是教师所要思考的首要问题，“明道”是教师对教育价值的重要认识，这就是韩愈所说的“道之所存，师之所存也”。那么，历史教学的“道”是什么，这是我们的历史教师需要思考和明了的问题。

哲学家思考的终极问题是“世界的本质是什么”，史学家思考的终极问题是“历史的真相是什么”。而历史教育工作者所要思考的终极问题，可能就是“为什么要教历史”了。这是萦绕在每个历史教师头脑中的问题，因为这涉及历史教师对自己所从事的事业的本真认识。若没有这种认识，则可能只是一介教书匠，而且会对历史教学的“教什么”和“怎样教”产生迷茫或盲从，甚至对历史教学的工作难以固守初心。所以说，历史教师对历史教学的价值、意义的认识，尤其是对学生人格的塑造和素养的培养到底是什么的探寻，是对历史教学的上位思考，这是非常重要的。

杨朝晖教授主编的这本书，正是探讨这一问题的文集。书中收录了中学历史教师、教研员、历史教育专业在读研究生和本科生所写的40余篇文章，从多个角度论述历史教育的魅力。他们的所思所想，也可以说是对历史教育的“道”这个终极问题的探索。虽然这些作者的身份不同，教学的经验亦有多寡之分，但都围绕“历史教育的魅力”这个主题，述说着自己真实的感悟和认识，反映出他们对历史教学的情感认知和理性思考。读着这一篇篇文章，让我们看到了这些在职的和未来的中学历史教育工作者对历史教学的功能和意义的理解。每位作者在谈论历史教育的魅力时，都有着自己的思考，而这些思考可以说是他们对所从事工作的价值所在的探寻，是历史教师心灵的叩问。我们从中可以看到，他们这种对历史教学魅力的思考和体会，是作为历史教师对自己工作的省悟与自觉。

书中这些作者的不同身份，又恰恰构成了历史教师成长的不同阶段——师范本科生、研究生、新入职的教师、教学经验丰富的教师、历史教学名师、历史教学工作的管理者和研究者等。他们现在虽是处于某个阶段，但都在思考着“我为什么要教历史”“历史教学应赋予学生什么样的涵养”，追寻着历史教学的“道之所在”。他们的感受、体悟、认识会有不同，但这些思考都是用了真心，都显现出了作为历史教师的眼界与胸怀、责任与担当。这是历史教师最为可贵的执念，有了这种执念，悟出了历史教学的“道”，教师的教学行为就能够达到哲学上讲的“自由”之境界。

希望我们的每一位历史教师都能够对历史教育的魅力何在这一问题有深入的思考，并将这些思考的结果化为教学的不懈动力。

略叙读后之感，是为小序。

叶小兵
2020 年 4 月 15 日

目　录

第四章　交融与张力

第五章　共性与独特

第六章　追求与成长

历史以人类的活动为特定的对象，它思接万载，视通万里，千恣百态，令人销魂，因此它比其他学科更能激发人们的想像力。

——[法]马克·布洛赫

寻找历史教育的挚爱与灵魂

——兼论历史教育的魅力

何为魅力？虽然字典里对它有正规的定义，但我更想用一种心理的意向来形容它。这是一种难以形容的力量，它以不容抗拒的力量吸引着你，诱惑着你。当有人说被一种魅力所吸引，那一定是有一种让人欣赏、让人向往的动人之处。然而这动人之处，仿佛又有一种既说得清又说不清的神秘，于是，吸引着你不断去靠近它。“论历史教育的魅力”的话题，也像一种魅力一样，吸引着我、召唤着我，让我投入其间，去走近它，打量它，爱上它。

我对“论历史教育的魅力”话题探索已经十余年了。关注这个话题源于我在教学中对师范生的一个起始提问：“你为什么要当历史教师？”一般来说，学生会有三种回答：一种是非常喜欢甚至热爱历史，愿意当一名历史教师；一种是看中教师职业的各种好处，仅仅把它当作一份谋生的饭碗；还有一部分是因为家长或分数原因不得已选择了学历史，因此毕业后仍打算继续深造或从事其他职业。继续探问最后这部分同学想法后的原因，原来，在他们的眼中，历史是一门枯燥乏味且不太实用的学科，从事这个职业体现不出他们自身的价值。他们对自己的职业和专业缺少认同。这引起了我的深思。

每个人可能都有从事自己职业的理由，或因儿时的一个梦想，或因什么人的影响，或仅凭着一腔热爱。但无论怎样，要做好自己的职业，认同是前提。

心理学认为，认同是个体对于自我与某群体的接纳态度与情感。认同产生后，就能解放自己的主动性与目的性，对自己产生自信心，对所归属群体产生归属感、群体协作感。作为职业认同来说，是对“我是谁”“我何以属于某个特定群体”“我要成为谁”等问题的理解与确认，其核心问题是价值认同问题，就像警察钟情正义与和平、医生看重生命与健康、作家倾心文字与感情。那么，从事历史教育的价值何在？是什么吸引着那些投身到历史教师行业的同学？又是什么妨碍着一些人对历史学科的认识和认同呢？

于是，我让他们写下自己做学生的切身经历和感受。结果发现，他们对于历史学科的诸多感受，很大程度上源于曾经教过他们的中学历史教师。正所谓“亲其师，信其道”。历史教师在学生发展中扮演了重要的角色。教师的位置，正是联结学生与古人的桥梁。教师的学识、态度，对历史的理解、传递等，都对学生的发展和历史教育功能的发挥产生了不可估量的影响。作为一名历史教师，需要拥有丰富的知识、能力、人文情怀等多种素养，如果缺少这些，学生对历史的价值和独特的魅力就难以感同身受。

于是，我想，作为一名师范大学执教历史教育专业的教师，我能做些什么？我如何才能让更多的学生真正认同并爱上自己的职业？我又如何对基础教育的实践发挥影响？发挥什么影响？我从哪里做起呢？

人们常说，“要给学生一杯水，教师就要有一桶水”。当教师就要掌握教学转化最基本的技能技巧。这也是我正在教授技能课背后的假设支撑。因此，长期以来，教师专业发展的关注点往往放在如何补充学科知识和提升教育教学技能等外显的行为上。然而，随着教师发展研究的深入发现，与外显的行为、技能相比，更加内隐的深层认知因素在教师发展中所起的作用更加关键，有的学者把它称之为“教师的深层行动指令”。这些深层认知因素包括：信念、认同、意向、默会的教师实践性知识等。由此，这些研究成为指导我实践的重要指针和依据。

我认为，让师范生掌握必要的教学技能技巧固然重要，但是也有局限。因为技能需要在较长的实践中反复练习才能逐渐掌握，而以目前有限的师范课程设置，要想让学生在短短一门课上掌握如此多的技能是不现实的，我应该利用有限的时间让学生掌握更为关键、更为基础、更为深远的东西。于是，我想到在技能课程中，应加入对教师深层行动指令的引导和建立，如什么样的教师是好的教师？什么样的课堂是好的课堂？什么是教育的本质？什么才被称为有意义的学习？等等。在众多的深层行动指令中，我认为建立起对中学历史教育学科价值功能的理解与认同，是最为重要也是最为迫切的任务。这是因为对学科教育价值与功能的认知与把握是进行历史教学的前提。

所谓对学科教育价值功能的认知是指人们对于所教学科在对学生发展中所发挥出何等作用与影响的认知与判断。它不仅反映了历史教育工作者对于本学科性质的认知和把握，也反映了历史教育工作者对于自身工作价值意义的自我认同与判断。因此，我认为，对这一问题的理解与认同，在历史教育中带有方向性和根本性的作用。不同的认知、认同会导致不同的教育教学行为。

经常，在很多历史课上，我们看到一些教师根本不知道所授这节课到底在教什么，于是就更谈不上如何去教，所教的历史课缺少灵魂和生命。学生学习到的往往只是空洞枯燥的概念与理论，死记硬背成为学生普遍使用的学习方法。在这样的教育之下，历史教育的功能和魅力无从展现。一堂堂没有灵魂和生命的课堂成为浪费学生青春和耗费教师生命的消磨场。

然而，在传统的师范教育中，我们也并未对学科教育价值功能的认知和内化引起足够的重视。正如一位师范生在作业中写道："通过三年的历史学习，尤其是在史学概论课上的思考，我们已经基本清楚了什么是历史，但是为什么要教历史，还没有认真地思考过。可是，作为将来的历史老师，如果我们自己都没有想清楚为什么要教历史的话，恐怕今后的教学很难令学生信服。"

鉴于以上认识，我从2006年起，以历史教学技能课程为平台，对师范生、教育硕士有关历史教育功能认知与教育信念的建立，进行了持续的探索实践。在每一次起始课上，我都会让学生们从自身的经历中，叙述历史教学对于自身成长和发展产生的影响，其目的是让“历史教育的价值功能”这一问题与学生自身的生命体验和经历产生意义的联结。同时，我也会增加“认识教师”与“认识学科”的教学内容，以引起学生对于“我在从事着一种什么样的职业”“我在为什么而教”等问题的深层思考。之后，我还会留下“论历史教育的魅力”“我的历史教育信念”“设计一节导言课，向初一学生介绍什么是历史”“为什么要学历史”“怎样学历史”等作业，以进一步提升学生的职业信念，强化其对历史教育学科本质的理解和价值功能的认知，进而形成对教师职业身份的认同。在课程的影响下，学生们对历史教师职业身份、对历史教育价值功能的认识发生了不知不觉的变化。

一位同学在作业中写道：

我没有真正面对中学生去讲过历史，但我们没必要纠结于该不该教历史了，必须教！而且应该拥有比数学、英语、语文老师更轻松的心态才对。历史学科的地位并不尴尬，相反意义重大。历史老师不必悲观也不必发愁，不要怀疑历史学科存在的价值！

另一位同学写道：

在我看来，历史学科具有其独特的魅力，它给学生带来的丰富想象和人文熏陶都是其他学科所不能给予的，甚至于其他文史类学科，也难以与历史学科比肩。历史学科由于其教授内容的特殊性和广泛性，在诸多人文学科中最能体现出对学生施与的人文关怀。

一位教育硕士写道：

诚然，我当初对专业的选择多少有些随意、盲从，只把教师当作安身立命的一份工作而已。但在这一段的学习接触中，我愈发感受到历史的厚重和教育的生动。它们潜移默化地影响着我并成为我生活中不可或缺的一部分。这种逐渐形成的使命感告诉我不要停下自己的脚步，要有信念、有信心去坚守它。教育是需要全身心投入的，它是心与心的交流，思想与思想的碰撞。时代的发展、教育的改革也对历史教师提出了越来越高的要求，我会不断地学习和反思，不断地进步和成长，从而成为一名名副其实的历史教师。

总之，通过对学生历史教育信念持续的强化和打造，引发了他们对自身职业价值的深度思考和职业认同，强化了他们从事历史教学的尊严感和意义感，因而也自然提升了尽快提高自身素养的使命感和勇敢面对未来困难和挑战的勇气，因此为他们今后顺利走上工作岗位打下了坚实的内在基础。

在其后的教学生涯中，我又接受了很多在职教师培训任务。对于在职教师的培养，我也秉承了这样的理念与实践，坚持让大家撰写“论历史教育的魅力”作业，带领大家一起思考历史教育特有的功能、载体、途径和方法。

经过多年的积累、沉淀以及与多位同人的对话参看，我对历史教育的魅力的理解也更加深入、丰富，形成了我对历史教育魅力的以下认识。

首先，历史教育的魅力首先来自于其内在的宽厚博大气质。

魅力虽然常常表现为外在的吸引力，但确是由其内在的气质所决定的。历史教育的内在气质首先来自于历史和教育两个学科本身。

在我看来，历史学科无论是内容还是内涵都是最为丰富而深刻的，是任何其他学科都无法比拟的。因为广义的历史是指过去所发生的一切事件。因此，人们在语文中学到的诗词歌赋，在物理、化学中学到的各种理论、公式，在政治中学到的各种思想、制度，以及在数学中学到的各种推演等，其实都是历史。可以说，我们所学的一切都可以算得上是历史的范畴，相信这样的内容广度是其他学科无法比拟的。正如李大钊所说：“把人类的生活整个纵着去看，便是历史；横着去看，便是社会。”[①]历史仿佛是一幅幅前后连贯的

① 李大钊：《史学要论》，河北：河北教育出版社，2000年，第4页。

画面或是一张张丰富多彩的拼图，从不同的视域去观察，都会有不一样的视觉享受，即使截取某一片段或者碎片，经过合理的推理和想象，管中窥豹，可见一斑，一花一世界，一叶一菩提。

历史的形态其实非常复杂多样，它由宏观与微观、主观与客观的交织构成，是后人通过有限材料，以自身有限的视角和能力在与无限的历史空间进行对话而形成的，因此，它既有主观又有客观，既有过去又有现在，既有实证又有想象，既有绝对又有相对，复杂又多样。正是因为如此，所以才吸引着一代代学人去追求它、探寻它，虽不能至，而心向往之。

历史因为丰富而无比厚重。任何一个民族都有它自己的灵魂，有自己的根脉。这种灵魂或根脉，就是从这些厚重的东西里面呈现出来的。这是历史本身浑然天成的特质。因此，从内涵上来看，历史更加深刻。所以人们说“历史是人类最好的老师”。千百年来，古今中外所积累下来的智慧财富都蕴藏在历史之中。而历史教育正是人们了解昨天、把握今天、开创明天智慧的最佳方式。

历史教育的内在气质也来自于其宽广与深远的教育内涵。

当我问历史师范生：通过历史你觉得最应该让学生收获什么？学生的答案五花八门。有的说“教给学生看待事物独立思考的批判性思维能力”；有的说“最应该教给学生用历史思维看待事物”；有的说“最应该教给学生的是一种价值观”；有的说“最应该教给学生家国情怀。一个人要知道自己从哪里来，学会感恩”；有的说“通过历史使学生感悟人性，感悟真善美”；有的说“教学生学会热爱这个世界并让这个世界具有人情味”；有的说“我希望能给学生带来快乐，可以教给学生一些生活的启示”；有的说“最应该教给学生的就是从各种历史事件中习得经验教训从而完善自己的修养，学会更好的生活，适应社会”；还有的说“应该帮助学生获得人类的群体记忆，形成对人类群体发展和个体发展的认识”……

通过学生的回答可以看出，历史教育承载着非常多的教育价值和社会功能。从国家社会层面看，包括：传递、传承人类文化遗产，延续社会文明；传承民族、国家记忆，形成身份认同，凝聚民族精神；鉴往知来，认识规律，促进社会发展。从个体发展层面看，包括：学会做人、学会求知、学会思考和学会生活，最终让学生获得智慧，获得幸福。从世界层面看，包括：让学生客观全面地认识世界各地文化的独特性和多样性，以平等、尊重之态度对待世界文明；理解世界文明发展过程中的相互融合性，学会以包容和开放的心态来面对世界，拥有更为宽广的国际视野和更为深厚的人类关怀。

由此可见，历史教育的价值功能是多么丰厚！学生身上所需的核心素养都可以得到它的滋养，不同层面的教育需求都可以在它那里找到空间，获得满足。它就像一个争奇斗艳的百花园，不同教育者和学习者都可以如蜂蝶般在此采食花蜜，享受其间。

其次，历史教育的魅力来自于历史与教育相互交融、交叉后的多姿多彩。

历史教育顾名思义是由历史和教育交叉而产生的概念。历史教育是以历史和历史学为主要内容的教育活动，它是属于教育活动的一部分，带有教育所具有的共性特征。但由于它是历史教育，又带有历史学科的个性和独特魅力。

从历史上看，历史学与教育学有着天然的交融和依存关系。教育的产生是为了生存而传递人类的经验。结绳记事、口耳相传是教育的最初方式。而记录经验、传递故事是历史的最初活动。《说文解字》："史，记事者也。""从又持中，中正也。"[①]因此传递、传承是历史和教育共同的属性和最主要的功能。

在阶级社会，教育成为延续国家统治的重要工具和手段，成为国家机器的组成部分，具有鲜明的阶级性和政治性。"学在官府""学而优则仕""化民成俗"都彰显了教育的教化本质与政治功能。而

① 许慎：《说文解字》卷三下，北京：中华书局，1985年，第90页。

在历史领域，“以史为鉴”则是修史、著书的最直接动机。史书也扮演着教科书的角色，《春秋》注重春秋笔法，《史记》讲究微言大义，其背后都隐含着史家所推崇的价值观念。从某种意义上说，在中国古代，历史即教育，教育即历史教育。

正是因为历史教育是历史与教育的交融、交叉学科，因此，其自身也显示了两种学科交叉所带来的丰富的学科特征。这些特征包括：政治性（工具性）、综合性、科学性、人文性、基础性、伦理性、实践性与艺术性等，因而也出现了不同性质与特征之间的矛盾与张力。如理性与感性、求真与向善、敬畏与批判、想象与抽象、政治与学术等。这些张力表现在各个特性相互联结与动态平衡的辩证关系之中。试举几例。

一般看来，历史是一门严肃、严谨的学科，因为它需要研究者基于大量的文字史料和实物史料做出分析与判断，尽可能地还原历史的本源，目的就是“以史为鉴”。由此，在研究、学习历史的过程中，需要不断观察前人所犯下的过错，进而反思自己所犯过的错误，以便让自己不断进步。这是一种人类自察自省的过程，需要反思，需要冷静，需要理性。

所以，求真始终被人看作是历史学科的本质属性。历史存在的意义就在于探索历史的真相，去寻找、印证以往的存在，揭开过往神秘的面纱。探究历史的过程是一个从出生到死、从无知到有知的寻觅，是以自己的有限探究无限的求索。这一过程充满了未知与不确定性，也充满了无限的诱惑，正如有的同学所形容的“黑暗中的方向，一道灿烂的金光，在小道尽头闪亮”。

因为求真，所以历史也追求科学。科学强调是非对错并分析事件的因果，力图解释事物的存在方式和相互联系，着眼于人类世界规律的探索。所以，马克思说：“我们只知道一门唯一的科学——历史学。”

然而，历史又是有温度有情感的学科。每一个历史事件，每一个历史人物都是饱满而丰富的。那里，有进步的号角、有血腥的杀戮、有愤懑的压迫、有不安的心跳；有对改革的迫切，有对反抗的渴望，有对生命的追求，有对主权的捍卫……在特定的历史时空中，所有的这些都是有血有肉，有温度有感情的。历史终究是人的历史。所以，历史不仅关注宏大的外部世界，更关注人的内部精神世界。它旨在思考人类生存的意义和价值，引人向善，看重对善恶的评判，在不断地与自然、社会和自身的抗争中，为自己开拓“向善”的道路。虽然有时也伴随着一些黑暗，但总体上，人类是走向文明、走向“向善”的光明。这就是历史的人文性特征。

但是，历史的人文性与科学性又是密切相关的，如果历史缺少了科学性，那么其人文性要求也必然无法达成。因为若对历史进行歪曲捏造，则会潜移默化地对学生品行施加负向影响，无法发挥“驱人向善”的作用。所以，历史教育在有充分的人文关怀的同时，也必定追求科学严谨，需要理性与感性兼具地对受教育者施加影响。因此，历史教育还需要有艺术性。历史教育的艺术性就在于在实践中处理矛盾，在矛盾中获得平衡。

有人说，历史教育的精髓也许在于敬畏，对生命的敬畏，对文化的敬畏，对先人的敬畏，对过去的敬畏。历史教育的使命就是将远在时空彼岸的历史拉近到人们身边，教会人们用温情与敬意看待历史，用虚心讨教的态度学习历史，懂得对自己祖先的尊重，懂得对全人类留下的光辉灿烂文明的尊重，以此提高人们的知识素养，启发人的思想感悟，提升人的精神境界，使其成为一个有理想、有道德，有正确价值观，德智体美劳全面发展的人。

但是对历史传承也不是照单全收。历史作为人类以往实践的集体记忆，能够全面、综合地为人们提供文明发展和社会进步的经验，通过对历史经验的回顾，确立人类的自我意识和价值理性，以矫正社会发展的失衡和人性的悖谬。因此，历史教育还需要培养学生对历史的理解与辨别，进而培养其对现实文化的洞察力与批判精神，培养其不受权力和社会偏见限制，不受未经审查的常规和思维习惯羁绊的独立思考能力。因此，在敬畏与批判之间就需要找到一种平衡。

同样，在历史的政治性与求真性之间也需要求平衡。在历史上有一个著名的公案。史学家吕思勉经过考证认为岳飞是北宋的军阀，割据一方，截断财源。秦桧主持议和是顺应历史发展而不是卖国。然而秦桧却因此而背负骂名，真是冤枉至极。此时，正值“九一八事变”爆发之后，舆论指责吕思勉，说他贬低岳飞为秦桧喊冤，是在替主张对日和谈的“民族败类”辩解。其实，这场冲突的实质是历史教育究竟该以什么为第一原则。主流思想认为，在民族危亡之际应该以传播爱国主义为先；吕思勉却主张将“求真”置于第一。从这个例子可以看出，历史教育与政治性密切相关，但有时又与学术的求真是矛盾的。那么在历史教学中如何处理这对矛盾，就不仅需要立场，更需要艺术和智慧。

此外，在历史教育中，还存在内容的系统性与学生认知特点的矛盾性。历史的内容浩如烟海，中学历史教学中所教授的历史，必定是经过筛选整合的历史，这就使得中学历史教育具有很强的系统性。通过历史教育，使受教育者体会到知识的系统与历史的连贯。然而，历史教育的对象又具有认知的不成熟性、认知的阶段性和认知的差异性特征，需要历史教育工作者顺应历史认知学习发生的规律展开教学，所谓“循序渐进”“因材施教”。这无疑对历史教育的实践提出了挑战，需要历史教师学习教育的艺术，像设计师一样，拿着画笔，运用自己的技能，将历史课堂勾画涂抹。更为重要的是，将历史内容和其中丰富的教育蕴含填充进自己的作品里，以使自己的作品富有生命力。

历史教育中的矛盾与张力还有很多。因此，历史教育的魅力就来自于在一对对的矛盾与张力中寻求动态的平衡之美。这是一个永无止境的追求过程，正是因为永无止境，止于至善，所以才吸引着众多历史教育同人投入其间。

再次，历史教育的魅力源自于历史教育过程的独特创造。

历史已经过去，无法改变，但是优秀的历史教育却能够让“死”去的历史又“活”了过来，成为架起学生与古人之间的桥梁，使学生能够与古人进行交流对话。它能够让学生仿佛回到历史事件发生的情景当中，感受各种历史条件对事件发展的影响，从而对历史有所感悟。卡尔说过：“历史是历史学家与历史事实之间连续不断的、互为作用的过程，就是现在与过去之间永无止境的对话。”[①]历史教育其实也是教师、学生和古人的三方对话。历史教师在尽可能掌握历史内容的基础上，进行着与古人的对话，获得对历史的理解与解释，然后将这种结果引入课堂，通过创设情境等形式，建立起学生与历史的对话。通过学习，学生基于已有经验产生对“历史”的理解，进而产生对现实的感悟甚至对自我的理解，从而完成与自我的对话。这种对话不是被动的，而是主动构建的，是师生在问与答的对话中相互碰撞激发的。所以这种对话是几方共同参与的，是动态生成的，是共同创造的。这如同一台台教育戏剧，教师和学生围绕着剧本进行演绎。虽然剧本相同，但是因为参与其中的演员不同，每个人的理解、体悟都是不一样的，因而演绎的过程也是不同的。师生围绕剧本的共同参与，才构成了一场场不一样的精彩剧目。

历史教育的独特魅力当然还包括每个教师特有的魅力。因为在历史与学生之间架起桥梁的是每一个具体的历史老师。每个教师的授课风格、讲授方式、个人魅力不尽相同，所展示给学生的也就不相同。在教育内容上，有的教师选择学生感兴趣的内容作为切入，以拉近学生与历史之间的距离，使历史不再遥不可及；有的教师充分利用古人的名言警句以及诗词歌赋的教育意义，让学生潜移默化地受到古人价值观、人生观的影响。在教育方法上，有的教师善于声情并茂地讲解，有的老师长于运用史料，循循善诱地发问；有的

① E. H. 卡尔：《历史是什么》，北京：商务印书馆，2017年，第115页。

老师喜爱在课堂上播放直观的视频、教具或图片；有的老师则愿意组织学生讨论、辩论或角色扮演；还有的老师则善于发动学生动手查找资料，制作历史作品；甚至还有的老师愿意把学生直接带到博物馆、遗迹现场，接触真实的历史文物，感受真切的历史气息。

历史教育融合了历史与教育的所有特征，也融合了每一个教师的理解、体悟与创造。历史教育的魅力源于历史的魅力，历史的魅力因教育的魅力而得以光大，而历史教师是握着历史教育魅力钥匙的掌门人。

总之，历史教育的本意在于通过历史这一古老而又博大的学科内容，对学生当下及未来的生活产生意义，教会学生学会生存，学会做人，学会求知，学会做事，促进学生整体生命的不断发展。它以史学研究成果为依托，以人类文明知识精华传承、国家记忆存续、民族共识与民族精神维系为使命，以立德树人为根本任务，以历史学和教育学共有及特有的方式方法为手段，在师生与历史的对话中达成。它因将历史与教育有机融合而显示出特有的魅力与光彩。

历史教育的魅力有很多很多，总有一种“说不尽”的感觉。正如孙淑松老师所言，“论历史教育的魅力”这个话题非常有魅力。其魅力之处就在于这个话题永远没有固定的答案和逻辑，每一位教师对此都有自己的认识和体验。但无论教师的体验如何不同，其本质都是基于自己的教育初心，都是基于自身对教育工作的热爱。是的，不管怎样，历史教育的魅力就在那里。这种魅力潜藏在历史本身与历史教育的点点滴滴中，潜藏在每一个参与历史教育者的心中。它是一种源远流长的感觉，需要慢慢地学习，慢慢地体悟，才能感受到它，捕捉到它。但只要对历史教育充满爱恋，并将这种爱恋投入其中，它的魅力就会在你面前逐一展现开来。十几年来，我乐此不疲，享受着畅游在探索“历史教育魅力”的快乐与幸福中。

杨朝晖

2020 年 3 月 20 日

第一章

博大与深远

史之为用，其利甚博，乃生人(民)之要务，为国家之要道。

——(唐)刘知几

活着的学科，进步的学科

安雁超[①]

“历史”大概与时间一样，是这世上最广阔、最绵长的事物了。“历史”就广义上而言，可以指过去发生的一切事件(在哲学上，这种含义下的历史称为历史本体)。从人类社会历史，到动物历史、地球历史乃至宇宙历史，我们不得不惊叹地承认，在“时间”出现的那一刻，“历史”的齿轮便开始了它的转动；并且当这枚齿轮开始转动的那一刻起，它便紧随着时间的流逝，永不停息。每当时间前进一步，便会有各种层面上的单位体纳入“历史”的范围当中。当数百年、数千年以后，我们可能会发现比“时间”更为宽广的概念，但那也不过是“历史”轴线的向后延长罢了。

从这个角度而言，“历史学科”的出现可以看成是人类对“历史”的俯首。李大钊曾经说过，“历史这样东西，是人类生活的行程，是人类生活的联续，是人类生活的变迁，是人类生活的传演，是有生命的东西，是活的东西，是进步的东西，是发展的东西，是周流变动的东西。他不是些陈编，不是故纸，不是僵石，不是枯骨，不是死的东西，不是印成呆板的东西”。[②] 可以看出，李大钊先生的这段话正是对历史作为一门学科的大致而生动的阐述。正如其所言，历史是一种“活的东西”“进步的东西”。作为一门学科而言，以一系列人类活动进程的历史事件为对象，生动却也严肃地向研究者们倾

① 作者简介：安雁超，首都师范大学历史学院2015级硕士研究生，现工作于北大附中石景山学校。

② 李大钊：《史学要论》，北京：商务印书馆，1999年，第3页。

诉过去、警醒现在、预示未来。也正是由于历史的“活”与“进步”，我们能从中窥得历史的无穷魅力。

首先，历史是一门“活”的学科。

历史每时每刻都在以一个个鲜活的例证，通过各家之言，或是以己为鉴，循循劝诫，提醒其不要重蹈覆辙；或是以己为楷，温言提醒，希望其可以革故鼎新；抑或是横眉冷对，怒目而向，指责其无视教诲，倒行逆施。她借孔孟、魏源之流激励我们：生，便要明德至善，勤学笃行；也以苏格拉底、哥白尼之辈教导我们：逝，也要有所信仰，有所坚持；她不吝用一朝又一朝王侯将相的盛衰沉浮使我们警醒：世事无常，行且珍惜；也不惜凭一次又一次大大小小的战争令我们明晓：有些事无论对与错，留下的只有离恨与深思。伴随着“历史”的年岁不断增长、阅历日益丰富，其对我们的提醒也愈加厚重，恍若醍醐灌顶。有感于历史的赐教，我们才得以从“非典”的经验与反思中得以剥出再次面对重大疫情时的“应做”“避做”“先做”“不做”，乃至涉及整个中华儿女的“大家做”。历史每每不厌其烦地从各种视角谈起，向我们倾诉着各不相同却尤其深厚的道理，而这个过程也正是历史为我们一次次散发自身“活”的魅力的过程。

然，漫漫岁月中，历史所说的，我们又真正领悟了几何？

其次，历史也是一门“进步”的学科。

就历史学科本身来说，它是一门时时刻刻都在发展与前进着的学科。人类社会向前走过的每一分、每一秒，都会作为“史实”而成为历史的一分子；而对这些刚刚发生过的史实的各种定性、研究与评价，不管其是好是坏，是对是错，也都会作为“史论”化作历史的一部分。就整个学科体系而言，其他学科在不断发展与创新中，其过程与经验、成果与教训也都作为人类社会的进步与发展而被历史学科纳入其中。举例来说，牛顿经典力学体系的形成，既是近代物理学的巨大发现，同时在其出现的那一刻起，也作为史实成为近代科学形成的标志。因此我们可以说，历史时时刻刻都走在前进与进步的路上。而正是在这个历程中，历史为我们展现出了它不断进步且历久弥新的魅力。

此外，正因为历史学科的“活”与“进步”，使得历史成为一门对个体、对社会，乃至对整个人类发展进程都会产生巨大影响的学科，甚至说它相比其他学科而言影响最大也不为过。历史是一门活着的学科，它不仅仅包含着作为一门学科所必需的工具性知识(即史实与史论等)，更包含着从史实与史论中提炼出来的关于人的知识、关于人性的知识与关于价值观的知识，等等。它会告诉我们，什么是善，什么是恶；什么是应该做的，什么是必须做的，什么又是不能做的。而最重要的是，这些知识与道理在历史的无限进步与更新中，又不断地重新接受历史的磨炼，不断地删繁就简、去粗取精，从而焕然一新。可以说，我们作为有思考力的人而在漫长的岁月中所养成的生活习惯、行为准则与道德规范，无论好坏与对错，绝大多数都源于历史学科提炼出的知识与道理。基于此，我们大概可以明确的是：历史学科中的知识与道理是人们规范思想与行为最主要的基础与思想源泉。

历史是“活着的学科”，其生动性使得它能不断前进；历史是“进步的学科”，其进步性又令其历久弥新。历史学科的魅力当然不仅仅在于它的“活”与“进步”。历史学科本身那令人惊叹的多样性与包容性，以及对个体与社会的塑造性、主动性等，也都让我们领略到其独一无二的魅力。正是因为历史学科这般独特而深刻的魅力，使得它就像一坛百里飘香的陈酿，令无数人趋之若鹜，为之沉醉；也正是由于历史学科的如此魅力，让作为历史传承者、学科教育者的我们无论何时都不会忘记学习历史、研究历史、传播历史，引导眼前稚嫩而坚定的年轻中华儿女坚定信念，博学笃行，进而创造更优秀的历史。

以史学智慧浇灌生命之花

陈芳芳[①]

我们将历史定义为过去发生的事及对过去发生的事的解释。仅仅从历史的含义中便能体会到历史是何等的博大精深，包罗万象！何为“过去”？从“此时此刻”起，之前所发生的一切都算作过去了的。今天的新闻会变成明天的“旧闻”，慢慢累加在一起，成了历史。坦诚地讲，没有哪一个人能够得以窥见历史的真正全貌，即使他是最伟大的历史学家。这是毫无疑问的。但是就算是我们现在能看到的历史，恐怕也没有哪一个人敢说自己全部掌握了。也正因如此，历史以其神秘、悠长而容易让人着迷，深陷其中，不能自拔，妙趣横生。

历史带给人的感受是多样的。你会因为看到1500年前，居住在伊比利亚半岛上的冒险家从封闭的小岛驶向未知的航程而敬畏；会因为看偏居欧洲西北一隅的荷兰人对财富的无限追求的热忱而感叹；会因为伊丽莎白一世对莎士比亚历史剧的包容而崇敬；会因为1649年查理一世走上冰冷的断头台而唏嘘；更会因为1970年联邦德国总理勃兰特在波兰华沙犹太人纪念碑前跪倒在地而动容。

历史有时也让人沉默，因为需要更多的时间去用脑筋思考表象之下的动因。历史是一条深埋在岁月尘埃的线，相互关联，前后相因。对历史的解释有无数种，但是人类从未停止过这种多样的解释活动，因为总需要从中获得今日的解释。

---

① 作者简介：陈芳芳，首都师范大学历史学院2014级硕士研究生，现工作于北京市顺义第五中学。

历史也是有意思的学问。

历史的解读可以有多重视角，多种方法。可以确定时间不定地点地去横看历史，以此寻找差异和共性背后的历史原因。比如，选择历史上的1688年，当时的英国发生了“光荣革命”，中国处在大清王朝的初期，日本处在幕府统治之下，德国和意大利还四分五裂，俄国处于彼得大帝统治时期，法国的君主专制正是鼎盛时期。同样处于1688年，英国抢先一步跨入资本主义世界，中国还没有意识到自己已经步入封建王朝的落日余晖之下。相较之下，看似先进的中国和看似落后的英国不久之后的一次会战成败已经有了答案，中国在思想上已经落后了。

当然，反其道而行，可以选择确定地点不定时间地去看历史，比如研究某一国家的历史，从史前一直到近现代的发展历程，可称为一国的国史，此为纵向地学习历史。从另外一个角度而言，历史又是人类文明的发展史，而一系列事实告诉我们一个道理，人类文明要想获得长足的发展，需要人类自己靠着智慧和勇气打破地缘和血缘的桎梏，实现有差异的交流、融合，尽管这种交流有时候是被迫的，伴随着战争的血腥味，但是历史就是这样向前发展的。

历史可以横看、纵看，也可以远看和近看，比如，宏观与微观。远看通常称为宏观，近看通常称为微观。很多解释历史的著述习惯选择宏大的视角，这是因为看得广，才能发现规律和趋势，才能摸清未来的走向。但是，并非所有解释历史的学者都这么认为，有人选择从微小的历史细节处着手去发现历史前进的动机。譬如有学者从马镫、轮子和机器入手从细微处发现历史的内在联系①。这本著作就选择了从历史的细节处发现历史发展的错综复杂背后的动因。真正要深入学习历史，恐怕是要将宏观与微观结合起来，单一的宏大视角会使历史变得枯燥无味，而单一的微妙视角会使历史迷

① 杜君立：《历史的细节——马镫、轮子和机器如何重构中国与世界》，北京：生活·读书·新知三联书店，2013年，第23—25页。

失方向，所以，只有将两者结合才能见得历史发展的完整脉络。

历史还是戏剧性的偶然与必然的组合。1773年，詹姆斯·瓦特先生的合伙人濒临破产，而同年他的妻子不幸去世，瓦特处境艰难。但是他遇到了马修·博尔顿，正是在二人的合作下才出现了万能蒸汽机，才使英国在工业大国的道路上遥遥领先于世界其他国家。瓦特与博尔顿的相识是一次偶然，但是历史就是这样发生了。这正如1775年北美新大陆莱克星顿的那一声枪响，同样是偶然，但是，可以肯定的是，美利坚合众国必会成立，这就是历史的必然。

要想理解、认识过去的事件，就必须有同理心，能够移情换位思考。站在历史上的“那时”“那刻”，在当时的历史环境下去评判历史事件或历史人物的是非对错，才是明智之举。

历史是如此有趣。如此有趣的历史就不应当束之高阁，而应当通过教育之手传递给代代后人以滋养生命之花，照耀智慧之光，而发挥这一作用的正是历史教育。历史教育游走于史学与教育之间，用通俗活泼的语言将历史从学术的神坛上解放出来，在师生互动之间完成生命的塑造，为培育将来的社会主义国家合格的公民奠基。

史学学术研究与教育有着依存共生的关系，因此许多学术界的巨擘也心系教育。史学界的诸多前辈在钻研学术的同时，也参与到教育工作中。散见于著述中的一些文章足以表露出他们对于教育的期望和重视，同时也从侧面展露出历史教育的巨大魅力。

比如一代史家吴晗先生向来以研究明史见长。殊不知他还是一位伟大的教育家，长期从事历史教育工作。《吴晗全集·第九卷·杂文集外集》中就有一篇题为《中学历史教育》的文章。吴晗先生因为看了大学入学实验中国史试卷的答卷，对中学生在答题中犯下的一些常识性错误做出统计归纳，对中学的历史教育问题提出“三问”：一问是中学历史教育水平低下，长期不受重视，这是谁的过错？二问是中学历史教育的价值是什么？三问是对中学历史教学的内容如何编排？问题之下，吴晗先生提出四点建设性建议：请专家编订教科书；培养学生历史学习兴趣；教师应由专业人员担任；提供多种历史课外读物。[1]

再比如，为人熟知的主张对国史具有“温情与敬意”[2]的钱穆先生，同时也是胸怀国家和民族的学者，因而在专心于学术研究的同时，也会顾及关乎国家发展百年大计的教育事业。钱穆先生所著的一本小书《文化与教育》汇集了钱先生关于中国文化与教育诸问题的专论和演讲稿，包含文章二十篇，分为上、下两卷。关于国内教育的问题主要是在下卷中谈及。钱穆先生的一句话可与诸位共勉：“倘更不于当前青年教育加意矫挽，国族前途，复何期望？”[3]

此外，《吕思勉先生编年事辑》中也记载了许多吕先生在从教方面的经历。吕思勉先生二十二岁开始在常州私立溪山两级小学堂教书，后又辗转各处为师。学界所熟知的吕思勉先生所著第一部通史《白话本国史》(1923 年出版)，也是“历年在学校里教授所用预备的一点稿子，联缀起来的”。[4] 吕思勉先生所写《中学历史教学实际问题》对中学的历史教学诸问题提出了许多独到的见解。吕思勉先生主张将历史学与社会学相结合，“故今日之教授历史，竟不妨以社会学为之经，而历史转若为其纬，引社会学以解释历史，同时即以历史证明社会学之公例，两者如辅车之相依也。”[5]这种开阔的历史教育视野为历史教育拓宽了思路。

国运兴衰，系于教育，我辈也应常常对历史教育心存关怀。正是因为历史教育所存在的独特育人价值成就了历史，更成就了教育。史学因历史教育而更有意义，教育因有历史学科的加入而更加完整。愿以史学智慧能够浇灌出生命之花，助力我大中华早日实现复兴伟业！

---

① 吴晗：《中学历史教育》，常君实编：《吴晗全集·第九卷·杂文集外集》，北京：人民大学出版社，2009 年，第 16 页。

② 钱穆：《国史大纲》，北京：商务印书馆，2013 年，第 1 页。

③ 钱穆：《文化与教育》，北京：生活·读书·新知三联书店，2009 年，第 70 页。

④ 吕思勉：《白话本国史》，上海：上海古籍出版社，2005 年，第 1 页。

⑤ 吕思勉：《中学历史教学实际问题》，《吕思勉自述》，合肥：安徽文艺出版社，2013 年，第 371 页。

以历行教，以史为育

赵梦柯[①]

胡适先生在介绍詹姆士的实在论哲学思想时曾说："实在是一个很服从的女孩子，她百依百顺地由我们替她涂抹起来，装扮起来。好比一块大理石到了我们手里，由我们雕成什么像。"[②]这句话在后来被误传为：胡适先生说"历史是任人打扮的小姑娘"，并引起褒贬不一的讨论。虽然学习和研究历史追求真实性，不允许随意地编造，但从另一方面来看，对于历史的解释却可以是因人而异的。在一定意义上来说，将对"实在"的描述换成"历史"，也具有一定的探究性。因为在不同人的认识中，历史既可以是阳春白雪，也可以是下里巴人。所以，历史具有的广博和宽容的特点，这也使其在学习以及教育中有着独特的魅力。因为相较于"历史"，"历史教育"还有对学生进行"教育"的要求和功能，依托于所掌握的历史史实，做出历史解释，培养学生的核心素养。

首先，历史是广博的，不管是从历史本身来讲，还是对学生的教育上来说。历史有个与其他学科相比较为独特之处，就是记载和解释过去人类以及人类社会一系列的活动。在今天成为"过去"的时候，今天也就成了历史。所以，历史包罗万象：从东方到西方，从远古到当今，从帝王将相到平民百姓，从政治、经济到思想文化……在历史学习中，每个人都可以感受到历史的宽广博大，既可以

---

① 作者简介：赵梦柯，首都师范大学历史学院2015级硕士研究生，现工作于北京八中京西校区。

② 胡适：《实证：胡适哲学演讲集·实验主义》，昆明：云南人民出版社，2013年，第33页。

通览泛读，也可以根据喜好择取一隅；对于中学生来说，学习历史，获取历史知识，认识过去社会的方方面面，了解历史人物、事件、社会制度、文化等，既可以了解中华民族数千年文明的发展历程，可以增强民族认同感、归属感，也可以感受世界历史发展的多样性，拓展国际视野，形成开放的世界意识。所以，历史以其广博，为学习者提供了广阔的空间和可能，为教育功能的实现提供了广博的内容。从现实出发，追溯历史，历史可以不仅仅是冰冷久远的事件、人物，可以变得有温度。

比如疫情在家学习期间，复习到抗日战争的内容，分析抗日战争胜利的主要原因时，我举了抗击疫情的例子：从 1 月下旬新冠肺炎疫情暴发到 3 月取得积极进展，这离不开我们国家制度的优势，更离不开海内外每一个中国人的努力，不管是勇敢逆行、奋战在一线的医务工作者，还是捐款捐物的国内外爱心人士，抑或是服从安排，居家不出的每一个民众，每个人都为战疫胜利做出了自己的贡献。这就像是抗日战争来临，中国人所组成的“抗日民族统一战线”，是战争取得胜利的可靠保证。有人批评说“中国人没有信仰”，但其实中国人崇拜祖先，崇拜忧国忧民、心怀天下的英雄人物，中国人有着面对困难团结一心的优秀特质，这是民族精神的体现，也是历经磨难，中华文明却连绵不绝的重要原因。所以，用广博的历史对学生进行教育，并借助现实去理解历史，拉近历史和现实的距离，培养学生的家国情怀。

其次，历史是宽容的。在学习和认识历史的过程中，虽然我们一贯强调“事实的历史”，然而实际上，对于很多的历史事件和历史人物却是“仁者见仁，智者见智”，至今仍无法给出定论，而且可能永远也没有定论。因为每个人可以根据自己的认识去解释这些人物或事件，正如“一千个读者就有一千个哈姆雷特”一样，即使在内心持着客观公正历史态度的人，对历史的解释也不可避免地要带有个人的主观色彩，从自己认识的角度去解释历史。

之前看过一本关于历史人物研究汇编的书籍，该书对历史上部分争议较大的人物相关的研究论辩进行了一个综述。看的过程中有一个很深的感慨：过去的人物是否会想到，在几十年、几百年，甚至是几千年之后的今天，一大批历史学家，抑或仅仅是了解一点他们事迹的普通人，就对他们评头论足，褒贬不一，更有甚者，会因为观点的不同而争得面红耳赤？虽然不知道他们在地下会不会“不得安生”，但是他们是历史，后来者都可以根据自己的认识来解释历史，可以评价一个历史人物是“明主”还是“昏君”，是“英雄”还是“奸雄”，是推动历史进步还是阻碍历史进步……所以，历史在一定程度上呈现的是“解释的历史”。而历史对于这种“百家争鸣”、层出不穷的人为解释，始终保持着一种包容的态度，并吸引着一代又一代人的探究，乐此不疲。

中学阶段是学生思维模式、价值观形成的重要时期。因此，历史学科承担了重要的教育任务。历史本身的宽容性也为历史教育功能的实现提供了契机，通过对历史事件、历史人物的认识和评价，培养学生独立思考以及辩证看待问题、客观认识事物的能力。

正是由于历史的这种广博性以及包容性，包罗万象、海纳百川，所以贯穿在历史教育中，使其有着一种独特的魅力，对学生的思维发展、能力培养以及正确世界观、人生观、价值观的养成都有着深刻的影响。因此，在这个过程中，对历史教师也提出了更高要求，需要教师以历史为载体，进行正确有效的引导，达到历史教育的目的。

《周易》当中有这样一句话：“关乎天文，以察时变；关乎人文，以化成天下。”[①]这句话指出了“天文”——自然之道和“人文”——社会人文的作用和价值。在社会发展的今天，对一个人的能力水平提出了更高要求，学生的自然科学、社会科学、人文科学“三种文化”

① 黄寿祺、张善文：《周易译注·贲卦》，上海：上海古籍出版社，2001年，第188页。

都必不可少。历史作为人文和社会科学兼具的学科，是学生认识世界、了解国家和民族发展脉络的重要载体，其所具有的特殊性也是教育的魅力所在。以历行教、以史为育，使学生通过“解人文，思自我”，以达到“通古今，知天下”的地步，为未来的学习、工作与生活打下基础。

“无用”还是“实用”？

李妍羽翾①

一

在过去的欧洲，历史这门学科只有贵族才会学习、研究，因为历史并不会给社会带来直接的经济效益。可判断事物的实用性难道只看眼前的具象吗？

记得有一位著名学者阐述过历史的“实用”之处，大致意思是：我们可以把这些学科用一间屋子打比方，其他学科就像是过日子的柴米油盐酱醋茶不可或缺，而历史则是挂在客厅的一幅字画。当家里来了客人，你没法向他们介绍家里的生活用品，但你却可以向他们展示这幅字画。

但我觉得，历史的“实用”之处，或说历史的价值，远不止“向人展示自我才华”这么简单。

当接到大学录取通知书后，我听到身边的声音是这样的：“以后就业面窄，不好找工作！”“这么冷门的专业，你为什么选它啊？”“你学这个以后出来能干什么工作啊？”……实话说，我渐渐地被这些声音影响，也怀疑自己真的选错了专业。但是，当我真正迈入历史学院的大门后，通过一天天的学习和老师们的启发才逐渐明白，历史并非常人所想、所说的如此“无用”，在我看来，反而是最“实用”的一门学科。因为通过历史，让我拥有平和、乐观又积极的心

---

① 作者简介：李妍羽翾，首都师范大学历史学院2014级本科生，现工作于陈经纶中学帝景分校。

态，让我学会待人接物的方式，也让我思考人与人之间打交道的门路……这些品格的塑造与改变和在社交领域上的知识储备，是在中学“老九门”中，不能通过其他八门之中的任何一个学科学习或体会到的，这便是历史的“实用”之处。

二

初中的历史课更注重史实的讲述，而高中的历史课更注重逻辑的分析、因果的必然。因为有史实积累作为思考能力的踏板，才让我在中学的历史课堂中，通过教师引导和自我思考，体会到了历史课收获的具体内容。

高中老师在授课时经常跟我们强调，要学会学习的方法，要拥有独立思考的能力。这些也在教师上课的过程中潜移默化地渗透。高中课堂上，老师经常把历史事件进行“引导性”的历史解释，假设在同学身上发生类似的情景和心态，引导我们了解当时历史的情况和心理，也就是所谓的移情能力。渐渐地，我们开始自己思考，甚至不需要教师的情景假设就能理解历史事件中的因果关系。这样一来，我们对历史史实不仅不用死记硬背，而且又掌握了换位思考的能力，这正体现出历史学科的思考特点——进入“时情、时境”分析历史问题。

通过一些历史史实，加上教师引导着学生思考，是可以完成学生品性与人格教育的。“以史为鉴，可以明得失”说的就是如此。可能今天的中国史让学生能更了解他人行为背后隐藏的原因，进而学会从多个角度分析问题；明天的历史人物评说让学生领悟：人如果凡事都衣来伸手、饭来张口，是会变得懒惰的，乃至是对社会无用的，学着预估某事件可能产生的影响；后天的世界史让学生明白：人的得失心不要太重，为人处世方法要尽量温和才能把伤害降到最低……日积月累，学生获得的这些品性和人格，会逐渐形成自己的价值判断体系，会以自己的方式方法认识世界、感知世界，进而再深入一个层次，会思考自己今后要成为一个怎样的人……而这就是“三观”的塑造。当“小白纸们”背负这些行囊踏入社会时，我认为远比其他专业的学科知识实用得多。

三

进入大学，别人推荐的第一本书就是《国史大纲》。钱穆大师在《国史大纲》的首页写道：“凡读本书者请先具下列诸信念：一、当信任何一国之国民，尤其是自称知识在水平线以上之国民，对其本国以往历史，应该略有所知。二、所谓对其本国历史略有所知者，尤必附随一种对其本国以往历史之温情与敬意。三、所谓对其本国历史有一种温情与敬意者，至少不会对其本国以往历史抱一种偏激的虚无主义，亦至少不会感到现在我们是站在以往历史最高之顶点，而将我们当身种种罪恶与弱点，一切诿卸于古人。四、当信每一国家必待其国民备具上列诸条件者比数渐多，其国家乃再有向前发展之希望。”①

读历史书可能只是了解一些史实，记住一些历史事件，不会仔细思考其中的因果关系或背后的道理。但历史教育就不同了，会将历史带给学生的无限可能激发出来。

正如钱穆先生所提信念中的第二点，学生在接受历史教育的过程中，对本国历史的温情与敬意会油然而生，会自然流露。同时也培养了学生的民族自豪感，在国际社会中拥有属于中国的文化自信。当人了解自己的根在哪里，就没有人会不爱她，因为她是自己的家，那更是为人之本。

所提信念的第三点则是需要通过历史教育来实现的。通过历史长河，让我们渐渐明白，人类一直会发展，社会也一直会进步，而我们只是历史长河中间的一个渺小阶段。现在的事情如何，还需要

① 钱穆：《国史大纲》，北京：商务印书馆，1996年，第1页。

留给后人去评价，就像我们评价古人和历史事件一样，能够辩证地看问题，理解历史事件对于当下的意义，并由此产生对美好生活的向往，激发学生们为社会进步而奋斗的积极性乃至改变世界的可能性，让后世国人在主观能动性上得到加强，让更多的人拥有积极心态去奋斗，乐观生活，为社会做出自己的贡献。而这也是历史教育的魅力之一，独特在它培养出来的特质影响不只于个人，也适合社会的发展和进步，能够从心态和品格上让社会变得更加阳光。想必这也是其他学问达不到的。

四

总体而言，我将历史教育“实用”的独特魅力分为对自己和社会两个方面。

对自己而言，通过教育中对历史事件的不断深入理解，能够塑造个人平和、乐观的性格，并在一次次的历史解释中掌握分析实际问题的方法和思辨思维以及生活中接人待物应具有的移情能力。每个人都能在历史教育中逐渐塑成自己的价值观、世界观、人生观以及为人处世的态度。

从社会角度而言，历史教育是公民教育中不可或缺的一环。作为公民，最主要的就是要有社会参与意识。每个人参与到社会工作中来，社会才能进步，每个人也能在各自的专业领域发展，并不断贡献出自己的力量。当百川归海，迎来的便是人类更加美好的明天！

综上所述，我认为历史课是中学课程中最“实用”的一门课程。

如母如师在身旁

崔　桐[1]

魅力？即人或者事物具有很强的诱惑力、吸引力。这是一种难以形容的力量，偏偏又不容抗拒地被吸引着，像花朵之于蜂蝶，像烛火之于飞蛾。因为它的魅力我们欣赏，因为它的魅力我们靠近，我们了解，我们爱上。大千世界，能够让我们欣赏喜欢的事物很多，有的浓烈芬芳，让人过眼难忘，有的涓涓流淌，却也可在心间淌出一条溪流。物质给予短暂的满足，精神却能永久引导。

历史作为一门综合学科，包罗万象，上至整个国家风云变幻，下到普通百姓日常点滴；远至千万年前，近到前一分一秒。真切到每个人都是历史的创造者，有时却又要纠结历史的真相。我们一步步发掘历史，揭露历史，无限接近于历史。这种忽远忽近，忽明忽暗，永远吸引着追寻真相的人。

历史教育的魅力源于历史的魅力。历史的魅力，神秘又让人崇敬。我想不少人年少时都问过这样的问题：我是谁？我从哪里来？长大后，我们又想：我们的祖先是谁？人类的起源在哪里？过去的人怎么生活？……一系列问题随着我们的成长不断冒出，我们迫不及待地想要追寻一个真相，了解我们所没有经历过的事情。而这些问题的答案，都存在于历史中，等待我们去发掘，去找寻。于是我们怀揣着忐忑与好奇，翻开历史。然后发现，我们要的都在这里，就像一部巨大的百科全书，我们想要知道的都藏于其中，只是有些

---

[1] 作者简介：崔桐，首都师范大学历史学院2013级本科生。

摆在显眼的地方，一目了然，有些却很隐晦，残缺不全，要我们后来人接着去补充、更新。所谓历史的魅力何在？就是站在凝望历史的边缘，一边摸索，一边向远方前行；在已知中找寻勾人心魄的未知，在未知中感叹半知半解的迷离声色。

历史自身的锋芒太过耀眼，哪怕遮住眼睛，也能感受到光亮。历史，藏于万物中，却又包含万物。从历史上第一次出现人的物种，到今天人类文明高度发展；从各个地区封闭自给，到互联网时代整个世界紧密相连；从昨天羡慕飞鸟的我们，到今天乘着飞机翱翔天空。我们，都伴有历史的痕迹。历史是产生一切的源头，它给了我们源点，让我们用心去经营，写进历史，再反馈于我们。历史是我们最好的老师，她不发出声音，却用真实的史实来告诉我们该怎么选择才是正确的；她温柔如母亲，给我们足够的空间和时间摸索成长；她包容如母亲，无论是成功的我们还是失败的我们，都把我们纳入她的怀抱。而我们，也像个孩子一样爱着母亲。

历史自身是充满魅力的，而历史教育将它本身的魅力扩大化，授益于人。历史教育是每个国家、每个民族都应该接受的基础教育，是我们生存和发展的基石。历史如车轮滚滚向前，历史教育给予我们光明的指引和成功的信念，激发我们创造更好的将来。

历史教育的魅力首先在于知识的传播。历史是广博的，浩如烟海，学习了历史我们知道长城是如何修建的；古代帝王是怎样统治国家的；中国是怎么从缫丝养蚕变成大机器生产的；哥伦布是怎么发现美洲，打破世界相互封闭局面的；今天的国际格局又是在什么背景下稳固的。不但如此，历史教育者授予学习者历史经验，让学习者了解人类社会的发展演变，看清自己生活的时代是怎样一步步发展而来的，让我们能够在有限的生命中知道无限的历史史实，看到与我们现在生活完全不同的文化，领略社会的变迁与发展，在感悟今天社会文明发达的同时，也看到过去生活的艰辛，更加珍惜现在的生活，感恩自己生活的时代。

历史教育的魅力还在于思想的传承。历史，是千万年来不断积淀的产物，在这个漫长的时间段中，涌现出一批批文人志士，英雄人物。他们中有的人为国家鞠躬尽瘁，死而后已；有的人为推动民族崛起流血又流泪；有的人穷其一生专注科学研究不知疲倦；有的人以其精湛的文学造诣风靡整个时代。当我们从历史中知道他们的事迹，敬佩之情油然而生，自身也受到鼓舞，希望能够成长为一个有用之人，能做些什么，留下存在过的痕迹。优秀的人物不管过了多久，总会被人们所称赞、歌颂，鼓舞和激励了一代又一代的后辈。优秀的思想也理所应当的不会被时间淹没，反而随着时间的推移不断精进和传播。

我国历史上产生的一些思想延续到今天都是值得我们学习和思考的。古代儒家提出的“仁、义、礼、智、信”，道家提出的“崇尚自然，与自然和谐相处”，墨家提出的“兼爱、非攻、尚贤”等思想，都是古人智慧的结晶，也是今人应该感悟的文化精华。而历史教育就是让我们听到、看到这些优秀的文化，从而有所感悟。这对学生素质的提高，人格的塑造，思想境界的提升有直接影响。从历史史实的学习到思想的传承，是历史教育独有的魅力。

历史教育的魅力在于让我们知道历史的兴衰更替，风云变幻。在历史长河中，不乏繁荣昌盛的国家，也不乏衰败落后的国家；不乏流芳百世的英明人物，也有遗臭万年的奸佞之人。这样的历史不是完美的，但却是真实的，它用它百分之百真实的经历来警醒后人，以史为镜，以史为鉴。我们可以选择忘记，但无法抹去历史，它不会因为你的遗忘而消失，也不会因为祈祷而改变，如此真实，也才如此珍贵，因为它不会给你演习的机会。历史教育的魅力在于让我们记住历史，又赋予了无数个可能性。历史教育也因为它的引导性散发着人生导师的魅力。

历史教育的魅力还在于它呈现途径的多样性。历史是生活的记忆，由大大小小的东西汇聚而成。它可以很遥远，也可以很亲近。

我们是生活中的人，总能不经意间就撞见历史的痕迹。几首唐诗宋词，几张文人墨客的真迹，几本古书，路过的古老建筑都是历史，而我们也能从这多种多样的情景中学习历史。

在我看来，魅力更像一种情感的体现，懂欣赏的人自然能够感受到，且不同的人看待同样的东西也会产生不一样的结果，是一种主观性很强的情愫。对我而言，对历史教育魅力的感受可能还更多一些，但一时也难以把这种感情完全表达清晰，姑且倾诉到此。

感受自身存在的价值

崔兆艳[①]

我是一名历史老师，教历史是我的职业。我喜欢看历史书，喜欢思考历史问题，喜欢把我所知道的历史知识和所掌握的历史学习方法传授给学生，以拓展他们的知识，锤炼他们的性格，为他们考入理想的大学铺路。而问我历史的魅力是什么？我首先想到的是历史学习的意义。在学生进入高中的第一节历史课中，我往往会和学生探讨历史学习的意义。我一般会问学生如下几个问题：一个国家、一个民族可不可以没有历史？有人说历史不能为社会创造价值，你的观点是什么？你喜欢历史吗？为什么？我认为对上述几个问题的回答足以阐明什么是历史的魅力。

“欲灭其国，必先去其史”“忘记历史就意味着背叛”。历史承载着一个国家、一个民族的集体记忆，一个没有历史记忆的国家和民族将会走向灭亡。因此各国均非常重视历史。“前事不忘，后事之师”，“以史为鉴，可以知兴替”，古今中外的政治家们都重视从历史中汲取治国理政的智慧。英国资产阶级革命家克伦威尔、美国第一任总统华盛顿、法国资产阶级革命家拿破仑、中国现任国家主席习近平都是历史爱好者，他们都善于从历史中总结经验教训，分析历史趋势，从而为国家大政方针的制定提供借鉴。因而不要说历史不创造价值，历史是一个国家、一个民族的灵魂，是国家领导人制定政策的依据，它从宏观上为社会发展指明了航向。

---

① 作者简介：崔兆艳，北京市特级教师工作室项目2019级学员，工作于北京市大兴区兴华中学。

上述是历史对国家、对统治者而言的魅力，而我想探讨的是历史对个人而言的魅力，这需要从我缘何喜欢历史，历史学习给我们的人生究竟带来什么影响说起。

作为一名历史老师，喜欢历史首先是因为它是我安身立命的资本，是我实现自我价值的前提。进入工作岗位之后，因为要把历史知识和历史学习方法传授给学生，因此对历史的学习要比大学期间更为深入，对历史规律的把握要更为准确，对历史学习意义的分析要更为明确。为了把知识讲明白，我对阅读专著、论文的愿望要更为迫切。这些均推动了我个人在专业领域的成长，也为我人生价值的实现奠基。

记得 2015 年的夏天，刚刚考上大学的郭玉岩同学给我留言："老师，感谢您一直以来对我的帮助！高三您虽然不教我们了，但我仍可以用您过去给我们记的笔记和留的课件进行系统复习，对我帮助很大。高三结束了，我把按照您的课件整理成的 Word 文档发给您，作为留念。"当看到这一留言时，职业幸福感油然而生，历史让我感受到了自身存在的价值，能够学历史、教历史，能够通过自身掌握的历史知识和历史方法来帮助学生，让我感觉到非常幸福。

但假如我不是历史老师，历史对我的人生还会不会有意义？答案是肯定的。历史学科有自己独特的特点和思维方式。多年的历史学习使我在思考问题时能习惯性地运用历史的方法去解决，这潜移默化地影响了我的性格，使我在遇到问题时能够更理性、更客观。而这些在我看来才是历史最大的魅力所在。

学历史能够提高人的思辨能力。历史学是一门关于过去的学问。过去无法重现，我们只能通过手中掌握的史料去了解过去。时期不同、研究者不同、研究者运用的史料不同，都会影响研究者对历史的认识。面对不同的，甚至有时是截然相反的历史认识，历史学习者需要大胆质疑，小心求证，自己去搜集史料，然后通过对史料的分析、推理和论证得出结论。对权威不盲从、不盲信，一切用证据说话。这种科学的、严谨的史学研究方法使历史学习者在遇到问题时能够敢于思考，善于思考，在分析问题时强调证据和推理，从而使自己的逻辑更清晰，思维更缜密。

除了思辨能力，历史还能让学习者在看问题时能够理性、不偏激。历史学习者在分析问题时能将其放在特定的时空下进行分析，注重考察事件发生的前因后果、来龙去脉；注重分析历史事件与周围事物之间的联系，以及在漫长的历史长河中存在的意义；能够用辩证的一分为二的观点来看待历史问题。这些历史学科特有的思维方式有助于学习者形成理性的、客观的分析问题的态度，从而使学习者在面对问题时能够沉着冷静、不偏激。现在社会上有很多“愤青”，但是学历史的人不会当“愤青”。

历史是一门充满现实关怀的学问，学历史能够更透彻地理解现实、分析现实。历史发展看似纷繁芜杂，但蕴含着规律和趋势，我们可以通过对历史规律的把握和对历史上同类事件的学习来分析现实问题。比如今天教育部统编历史教材中为什么要强调文化认同？我们可以从历史中找答案。所谓文化认同是指人类对自身文化身份的认同和建构，即在回答“我是谁”“我应该成为谁”的问题时的主体认识①。在一个主权国家里，国民对这两个问题的回答事关国家的统一和稳定。中国是一个多民族国家，古代不论统治者来自哪个民族，对中华民族身份的认同，对中华文化的认同，对“大一统”观念的认同，使中华文化始终能够延续和发展。抗日战争期间，从政府到民间对中华民族身份的认同，增强了民族凝聚力，为抗战胜利奠定了基础。不仅中国，移民国家美国和新加坡，多元化的种族来源使两国文化呈现出多元化的特点，部分移民对国家主流价值观缺乏认同，为避免社会分裂，增进统一，美国和新加坡分别提出了“美国人”和“新加坡人”的概念，在尊重差异的基础上，强化各族群对

① 张恒军、吴秀峰：《“一带一路”视域下中华文化认同的内涵、原则和策略》，《出版发行研究》，2019年第1期，第10—15页。

国家的认同。[①] 因此，文化认同不是一个新问题，也不是中国独有的问题，各主权国家为了增强民族凝聚力大多会强化文化认同。历史为我们分析现实问题提供了钥匙。

综上，历史对国家、对民族、对个人而言都散发着迷人的魅力。历史对于个人而言的魅力，不仅是通过历史学习掌握丰富的知识，更重要的是能够习得对人生具有重大指引作用的学科方法和学科思维方式，这与新课改下强调培育学生学科核心素养的要求是一致的。历史的魅力不局限于促进个人成长，更重要的是要为培养合格的公民而服务。

① 高蕊、毕月光、田锦荣：《新加坡多元民族政策与美国族裔政策的比较研究》，《齐齐哈尔大学学报（哲学社会科学版）》，2016 年第 7 期，第 46—50 页。

培养有温度的前行者

李　莉[①]

大学毕业后进入高中教历史，一晃已经过去了十几年。对于历史教育的认知也经历了几个不同发展阶段。刚工作的前五年，属于激情投入期，对教学对学生抱有极大的热情，全力投入到备课中，力求把知识融会贯通，追求授课过程中的成就感。之后的五年，开始重视学生的历史思维，希望能够深入浅出，追求学生成绩的优秀率。走进不惑之年，随着思考的深入，开始在历史教育中探寻意义，思考历史教育的价值所在。

“为什么要学习历史”

随着教育教学生涯的深入，我热衷于追寻历史学和历史教育的价值。法国历史学家安托万·普罗斯特曾如此解释“为什么要学习历史”。他说，“历史学不是要培育关于过去的充满了彼此永远隔阂的怨恨和认同的回忆，而是要努力理解发生了什么，以及为何发生。历史学不仅仅是公民教育，它是在每个人那里永无止境地构建人性。历史学让我们理解了生活中的各类难题，从来都没有哪个人或者哪个社会是不碰到难题的。历史学让人明白，生活的难题交错着我们无可奈何的制约，与我们必须承担的责任、做出的选择。”[②]四中的赵利剑老师在《历史，一节人文课》一书中曾这样谈到，“我

---

① 作者简介：李莉，北京市特级教师工作室项目2019级学员，工作于北京师范大学附属中学。

② 安托万·普罗斯特：《历史学十二讲》，北京：北京大学出版社，2012年，第263，273页。

对自己的历史教学目标有了这样的定位：在中学历史教育的过程中，教师应在尽量还原历史本原的基础上，结合自己对历史的理解，帮助学生逐步具备现代社会公民的基本素质——以自由之思想、独立之精神为主导的科学态度和关爱生命、平等博爱的人文情怀。”[①]这些历史学以及历史教育的真知灼见深深启发和激励着我，指导我更加热忱地投入三尺讲台中。

“我是谁？我们是谁？”

“我是谁？”我经常在历史课中给同学们提出这样的问题。有的学生会说：我喜欢科学；有的说：我是偶像团体的狂热粉丝；有的说：我酷爱篮球；有的说：希望自己成为作家；有的说：喜欢观看轻松愉快的综艺节目；有的同学说：自己喜欢当志愿者帮助别人；还有的同学说：怀抱着远大理想要改变世界……每个个体都有着不一样的经历，塑造出了他们不同的可爱灵魂。

然而，“我是谁”也是一个绝妙的历史问题。除了个性之外，我们还有很多共性。作为青少年，今天的我们可以享受男女平等，坐在教室里一起学习，我们享受着父母给我们的爱，我们享受着一个富足、稳定、繁荣的社会环境，我们相信自由、平等是自然而然的。然而，这些并非天然如此，我引领他们理解这是历史留给我们的财富。

同是青少年，二百年前的英国正处于工业革命时期，在英国的煤矿中每日从矿井中爬着往外拉煤的十几岁的矿工能有机会通过学习改变人生吗？同是少年，一百年前，当中国饱受列强欺压，军阀混战的时候，有多少孩子可以通过读书改变人生？同是少年，那个时代的孩子们可能饱受疟疾和疾病折磨而无法求医，战争带来的浩劫让他们没有机会上学。面对人类的苦难，一批批仁人志士的不懈

① 赵利剑：《历史，一堂人文课》，北京：教育科学出版社，2012年，导言。

努力改变了中国的落后面貌，让今天的我们享有受教育的机会。我们可以自由选择想做的事情，我们相信平等和梦想，我们享受着时代给我们的最好资源。这些发问让学生们跳出了个人的狭小的范围，使他们的视野和思维得以打开。这些问题背后透露出来的就是历史带来的厚度和深度，这就是历史的魅力所在。

“我们是谁?”也是一个很好的历史问题。

我们都知道，“路漫漫其修远兮，吾将上下而求索”的屈原，我们都敬佩“匈奴未灭，何以为家”的霍去病，我们都崇拜“鞠躬尽瘁，死而后已”的诸葛亮，我们都熟悉“精忠报国”的岳飞，我们都笃信“天下兴亡、匹夫有责”的誓言。整个中国近代史中，正是无数仁人志士对家乡父老、祖国山河、民族的高度责任自觉，才生成“吾人事革命、生死本寻常”的革命情怀。这是历史留给我们的共同的记忆，使我们成为“我们”。其实，早在出生的那一刻，历史就给出了我和我们一些厚重丰满的底色。这层底色就是萦绕着所有中国人的家国情怀。家国情怀蕴含着深厚的中华优秀传统文化积淀，这里面有我们对这片国土深沉的爱，有我们对共同文化记忆的执着、对中国传统优秀价值准则的认同。

梁启超在《新史学》中强调，史学是“国民之明镜，爱国心之源泉”。爱国教育从来不是与生俱来的信仰，而是后天的教育。而历史教育更有得天独厚的资源培养学生的家国情怀，我试图站在众多历史伟人的肩膀上带领孩子们畅游历史之河。“讲好历史故事，培养人文精神，饱含家国情怀”。让学生爱祖国与爱世界，激励学生对自己的人生负责，建立真正属于自己的人生目标和生活信念，自觉地选择和承担起对他人和社会的责任，自觉地实现人生的价值。

时代的挑战

如今我们已生活在网络时代，在获取知识方面越来越便捷。教师作为知识传递者的价值受到冲击，这是否意味着历史教师未来会被人工智能取代？答案是否定的。网络时代是把“双刃剑”，中学阶段的学生正是价值观、人生观刚刚起步，还未成熟的阶段，当学生面对瞬息万变的海量信息，他们经常会迷失在各种矛盾观念中。有些学生无所适从，有些学生充满偏见，有些学生冷漠孤立。这些无助和困惑需要老师及时进行引导，才能形成良好的价值取向。作为历史教师，我们不仅仅是知识的传递者，还应该以知识为思维和价值的载体，激发学生独立思考，教会学生鉴别信息，帮助学生解开迷惑。我们更应该是价值的传递者，是学生们情感、个性、精神和人格等方面的引路人。历史教育在这方面具有得天独厚的优势。我们通过古今中外的丰富史事，引导学生思考历史的深层发展规律，认识我国优秀传统文化的价值，理解世界文明的多样差异。

“苟日新，日日新，又日新”。在这个日新月异的新时代，我想要成为历史与现实的桥梁，我想要成为历史学与历史教育的桥梁，我想要成为学生们成长过程中的桥梁。在有温度的课堂中，培养出有温度的前行者！

历史课堂，我能给予学生什么？

吴文涛[①]

初登讲台那几年，我对自己的这份工作极其不自信，准确地说是不喜欢，没完没了地重复，没完没了地做题，我困惑自己的这些所谓的努力，除了能为学生考上一个理想的学校添砖加瓦之外，还能给他们带来什么？十多年的工作经历既是解学生的惑也是自我思考的过程。回头看曾经的“惑”，一切源于当初我的教学带有很强的“功利性”，功利到自己读书看到一段话立刻就对应某个知识点，心想这个我可以在课上怎么用，可以出个怎样的题，可以怎样去考学生。在“考”的光环下掩盖了历史的本真，也丧失了历史教育的魅力。那么历史课堂的学习到底能给学生带来什么呢？我想更多是对人价值的引领和精神的丰富。

学习历史能让我们成为一个有思考力的人。历史学科虽然是人文学科，但有很强的思考性，这种思考性不是公式化的推导，答案也不具有唯一性。历史学科的思考性体现看问题的多角度。历史的长河浩如烟海，不能简单地以对错来判断一件事情，更不能以好坏来判断一个历史人物。

记得几年前准备“洋务运动”一课，备课时我读了李鸿章写给恭亲王的一封信。从这封信中，能看出李鸿章对当时清政府面临的境况以及世界形势，特别是中日两国的差距已经有一个清醒的认识，也许今天我们看来他的认识还有很多的局限性，但对于一个传统的

---

① 作者简介：吴文涛，北京市特级教师工作室项目2019级学员，工作于北京景山学校远洋分校。

中国士大夫，他的认识已经很长远了。在那节课上，“李鸿章是国之栋梁”应成为留给学生的记忆。这不禁让我想起自己读高中时“李鸿章是卖国贼”的记忆。还记得同桌学完甲午战争的历史后生气地将书上李鸿章的名字都打个大叉。这让我同样陷入深思：读书时我的老师对李鸿章的认识和现在我作为老师对李鸿章的认识是不一样的。那学生心中的李鸿章到底是什么样的呢？当年老师没有问过我，今天我也没有问过我的学生。这不能不说是一种遗憾。为此我组织了一个读书活动，引导学生多角度地看李鸿章。学生如果只能从一个角度看问题，只看教材，只听老师讲，那他永远只有一种观点，这不利于学生思考力的发展，而历史的魅力就在于激发学生从多角度思考，从而提高人的思考力。

学习历史能让我们成为一个有情怀的人。这种情怀是让我们对人、对社会有更多的关爱。曾经有个学生说：“老师，我最不喜欢学中国近代史了，太屈辱了。”于是我告诉他：“中国近代史除了看到屈辱，我们还要看到中国人的奋斗。”一百年的中国近代史，无数的仁人志士为了挽救民族危亡不断探索，从不放弃。谭嗣同用鲜血唤醒国人的觉醒，孙中山的“革命尚未成功，同志仍需努力”，中国共产党人更是不屈不挠，努力探索，这都是他们对国家、对社会、对民族的爱。今年突如其来的疫情，那些“不计报酬，无论生死”的请战书，一次次“最美的逆行”，现代版的“与夫书”，默默无闻的基层抗疫者，等等。这些不都是情怀和责任吗？

人大附中李晓风老师曾经说过这样一段话：“历史学之用，是并不足以换取‘千钟粟’或者‘千金裘’的。教历史不是要教学生学会做事或做官的能力，而是培养学生一种对人和社会的感悟，一种对人和社会的认识与关怀。而作为历史老师，他希望能多些对人和社会的关怀，并且通过对人和社会的关怀，来体现出对学生的大爱。”我想这样的大爱不是简单的父母之爱，是让学生成为有情怀、有责任之人的爱，这样他们才能对社会有大爱，而不会成为一个“精致的利己主义者”。

学习历史能让我们成为一个精神强大的人。精神强大是一个广泛的概念，不仅仅体现在面对不同环境我们心态的调整，还应是我们内心的丰富。而这一点通过历史课堂上鲜活的人物，生动的历史事件的学习，可以渗透学生内心。我们学习邓小平，不仅仅看到他对中国现代化发展的贡献，也要感受他在人生遇到困境时的乐观与豁达；我们学习华盛顿，不仅仅看到他带领美国人民追求民主与自由，更要看到他不贪恋权势，不为名利所累的人生智慧；我们学习中国农村经济体制改革，不仅仅记住改革的内容，更要学习他们“敢为天下先”的时代精神。海明威曾说“一个人可以被消灭，但不能被打败”，这就是精神的力量，这也是历史学科所能给予的。

教育，教的是现在，育的是未来，当我们目送孩子离开校园去更广阔的天地时，他拿什么来面对这纷繁复杂的社会？我想历史课上给予他的“思考、情怀和精神”定能让他从容且坚定地面对未来的一切。历史课堂，我能给予学生什么？也将是我不断思考的内容。

第二章
传承与人文

教育要培养一代人的精神，必须先使历史进驻个人，使个人从历史中汲取养分。

——[德]雅斯贝尔斯

一束光，一扇窗

王　敏[①]

“逝者如斯夫，不舍昼夜”。随滔滔江水流逝的恢宏场面、风流人物，有一些或许早已被时间的尘埃掩埋，有一些却在经历时光的风吹雨打之后更加熠熠生辉。那些被历史记住的人物和场景为我们点亮了一盏灯，灯火虽摇曳，却从未在时间的长河中湮灭。而历史教育则成为一扇窗，透过它，我们总能循着从过去照进未来的那束光，期待远方。

历史教育——给你温暖的生命关怀

没有冰冷的计算公式，抛开一成不变的推导定理。对于历史，我们每个人都有自己的认识和思考。当历史的光芒照进现实，我们看到有血有肉、有情有义的英雄人物；我们听到民族危难之际有人振臂高呼；我们触摸着逝去的昨天，借以改变我们的今天并找寻更好的明天。

“古者富贵而名磨灭，不可胜记，唯倜傥非常之人称焉”。遥望历史上的风流人物，那些英雄豪杰、能人贤士撑起我们民族精神的脊梁，成为我们仰之弥高、钻之弥坚的典范。“山不厌高，海不厌深，周公吐哺，天下归心”；“世衰道微，礼崩乐坏，孔子作《春秋》而乱臣贼子惧”；“人固有一死，或轻于鸿毛，或重于泰山”；把使命看得比生命更重要的太史公……从这些先贤的身上，我们总能看

① 作者简介：王敏，首都师范大学教育学院2015级教育硕士，现工作于青岛实验学校。

到他们的价值与担当，看到他们在小我与大我之间所做的抉择。看到这些我们的思想难道会毫无激荡，心灵难道会毫无触动吗?

鉴古知今，经世致用。这是历史的被普遍认同的价值。我们不曾停歇对历史求真的脚步，因为我们希望通过求真实现更好的致用。但是在这个价值之上，抚慰心灵、关怀生命也是我们对于逝去历史的现实诉求，精神上的慰藉和追求也是历史教育的价值最本真的体现。

历史是我们的精神家园，历史教育使我们的精神有所皈依。只有历史文化保持连绵不断才能实现民族精神的源远流长。面对现代社会的浮躁，太多人难以把握追求的方向和意义。随着利己主义、实用主义的兴起和推崇，太多人只看得到自己却看不到他人，只顾得上眼前的利益却无暇筹谋将来。先天下之忧而忧的美谈只存在于史书中而非我们的生活中。社会在飞速发展，我们的精神建设却跟不上经济建设的脚步。或许我们可以试着偶尔放慢飞奔向前的脚步，回首看看前人留下的足迹。从“壮志饥餐胡虏肉，笑谈渴饮匈奴血”，感受岳飞的壮怀激烈；从“人生自古谁无死，留取丹心照汗青”，感受文天祥的不惧生死；从“十年饮冰，难凉热血”，感受梁启超的满腔热血。历史为我们提供了富足丰饶的精神家园，我们能从中汲取丰富的营养来滋养自己的人生。

面对现代社会的五彩斑斓、光怪陆离，历史并不只意味着过往的沧海桑田、兴衰荣辱。她所承载的是我们民族文化和民族精神的薪火相传，代代相因。我们探索那些逝去的岁月，构建出那些对于我们生命发展有意义的世界，并从中追寻生命的归宿和生命的关怀。

历史教育——给你深刻的生命思考

马克思说，“历史什么事情也没有做，它并不拥有任何无穷无尽的丰富性，‘它并没有在任何战斗中作战’，创造这一切，拥有这一切的并为这一切而斗争的，不是历史，而是人，现实的、活生生的人。”[①]我们对于历史中这些活生生的人的看待，也是我们对于历史评价的一个重要组成部分。我们对于历史人物以及围绕这些人物的历史事件的看法，反映出我们对历史的态度。态度决定我们认识历史的高度。历史绝不只是感性的，更是理性的。我们对于逝去历史的看待能否做到客观、全面，也反映了我们对于历史认识的程度。

泛舟历史长河，我们又能否看清她的全貌？古代王朝兴衰更替，你钦佩秦始皇雄才武略，一统天下，我却看到他思想专制、暴戾恣睢；你感叹万里长城雄伟壮观，遥想当年边疆勇士士气高昂，我却看到大兴土木劳民伤财，无辜百姓白骨堆叠；近代史上硝烟弥漫，你痛恨殖民者的船坚炮利，我却看到打开国门后近代化的起步和发展；你评价李鸿章是出卖国家领土的卖国贼，我却看到他为了国家利益兴办实业，外交流血……全面地认识事实我们才不会被历史迷惑，辩证地分析是我们客观认识和评价历史的基础。通过不同的角度分析事物只是我们迈出客观评价的第一步。学会在多种观点中找到主要矛盾，对主要矛盾的主要方面进行重点分析，做到历史评价与道德评价相结合，引导思考的不断深入。或许没有最终的定论，但是我们会看到主流的意见，听到不同的声音。

反观我们的现实生活也是一样的。生活中我们难免会对某些人或群体产生偏见，但是如果我们有客观的评价方法，就不会轻易对他人的印象固化。那些道听途说或是偶尔的眼见为实，都不能让我们轻易得出结论。这就是历史教育带给我们的现实思考。

历史带给我们的思考绝不仅限于从多个角度评价人物、看待事物。她还带给我们许多真切的感受：生命的脆弱和坚强、人性的阴暗和光明、成王败寇、优胜劣汰的历史规则以及时光的短暂和历史

① 马克思、恩格斯：《马克思恩格斯全集(第2卷)》，北京：人民出版社，1957年，第118页。

的长远……这一切在历史的长河中静默不语，当你去找寻，你就能得到答案。历史的意义绝不仅是为我们提供戏说娱乐，历史教育也绝非是照本宣科。它更重要的价值是为我们的生活提供借鉴和指导，能够照进现实的历史才是真切的、有意义的。

历史是有温度的，历史教育应该是温情的人文关怀，它帮助我们从浩如烟海的过去中汲取更多的精神力量。历史是有深度的，历史教育带给我们更多的生命思考。历史从不曾与现实割裂。它是纽带、是依托，是帮助我们抓住现在，更好地实现未来的生命力量。历史就像一束光指引着我们到达远方，历史教育就像一扇窗，它让我们看到那束光。

一场有情怀有温度的探索

宋　佳[①]

聆听杨老师的课程是一件很让人向往而又思绪万千的事情。很多困惑的事情，或是没有信心的事情，在杨老师的课上都可以得到答案。就今天的作业而言，我认为历史教育的独特魅力在于它是有情怀、有温度的探索。

历史是一门培养人的学科，历史教育是一份培养人的事业；历史是一种别样的记忆，历史教育是一场有温度的诉说。这是历史教育的独特价值，可以让我们知古鉴今，读史明智。

作为一门有情怀有温度的学科，其最大的功用就是能够培养人。它可以通过教师的引导帮助学生树立正确的价值观、人生观、世界观。立德树人是新时代中国特色社会主义学校教育的根本任务，历史学科在立德树人教育中具有不可替代的作用。[②] 作为历史教师，更要积极主动地承担这一关键的任务。我之前一直有一个疑问，就是我们长大以后，在大学学到的知识和自己读书得来的知识有时候会与我们在中学历史课本上记述的内容有所冲突。当我看到越来越多这样的冲突的时候，有许多疑惑在我脑海中盘旋：为什么我们的教育不能把全部的历史告诉大家，为什么有些事实被课本、被老师忽略了呢？这叫不叫作隐瞒？叫不叫作不尊重历史？由此引发了我更多的思考，作为一个老师，如果不把自己知道的知识告诉

---

① 作者简介：宋佳，首都师范大学教育学院2016级教育硕士，现工作于济南高新区遥墙中学。

② 张岩：《历史教育的立德树人目标及其践行路径》，《基础教育课程》，2020年第3期，第39—44页。

学生，是不是对学生的不负责任？但是如果机械地把大学的历史知识传授给初中高中的孩子们，他们又如何接受？我们应该如何处理呢？所以这些问题一直让我特别纠结。之前也问过一些老师，都没有明确的答案。这些疑惑没有得到解决，如何对知识进行有效的选择和讲解成了我在准备历史课中遇到的最大问题。

但是今天在课堂上我找到了问题的答案，那就是，作为历史教师，我们不是单纯承担着教给学生知识的任务，还承担着引领他们成人的任务。引领学生成人，重要的是给孩子们树立正确的三观，这就要求我们在知识的选择上有所侧重。这不是说红线不红线的问题，也不是国家强制的问题，而是在培养人的过程中必须要思考的问题：在当前社会背景下，我们希望培养什么样的人？这个问题决定了我们应该如何选择教给学生的知识和价值引导。历史是学生接受爱国主义、集体主义教育，树立积极人生观、价值观教育的有效载体。[①] 为了更好地将学生塑造成为一名合格的公民，我们就应该教给他面对社会现实、适应学生年龄接受水平、符合历史发展逻辑的历史知识。

因此，对于历史课程内容及对历史知识讲解的选择，重要的不是我们没讲什么，而是我们讲了什么。我们不能说把所有的知识都教给学生的老师才是好老师，而是应该关注学生从我们的讲课当中收获了什么？得到了什么？我们希望通过我们讲的内容给学生以怎样的感受？给学生以怎样的启发？作为即将要踏上教书育人岗位的历史老师，我们应该明白我们学科的使命是什么？我们的学科特征是什么？我们的学科对象是什么？明确了这些问题，结合中学生的知识能力、道德水平，我们在教给学生知识的时候应该注意对知识的选择，而不是一股脑地都塞给学生，在浩如烟海的历史材料里选择最适合中学生发展需要且符合课程要求的历史知识。这些历史知

① 胡筱萍：《基于核心素养的初中历史教学有效性探析》，《中学历史教学参考》，2019 年第 2 期，第 13—14 页。

识将成为孩子们日后发展的动力和源泉，转化为他们发自内心的内生力量。

历史教育在塑造人、培养人的过程中，又是有温度、有情怀的。历史是有温度的记忆，没有任何一个学科可以像历史这样，让我们知道那么多事件，那么多人物，那么多做人做事的启迪。我们在学习和传授历史知识的同时，可以看到历史是如何发展的，对我们当今的选择有所启发和思考。回望漫漫历史之路，存在着许多与现代相近的事件与内容，历史虽然已经过去，但对我们现在的生活仍然有很大的借鉴意义和正面影响。[①] 历史知识的学习让我们有了超越时空的认知和智慧，在古人身上我们知道了善与恶，褒扬与批判，历史发展趋势，这些道理指引我们实践和成长。

在历史教学过程中，老师不单单要教给学生历史知识，还要教给学生历史视野、历史态度、历史价值观等，让学生在学习历史的时候，同时变成对自我、对世界的学习。在知古鉴今的过程中，历史教师更多地教给学生学会了反思，学会了“见贤思齐，见不贤而内自省也”，只有知道了我们的不足，才能谋求长远的发展进步，这就是历史教育带给我们的独特能力。

总而言之，历史教育的独特魅力就在于它不单单是教给学生知识的学科，而且是一门塑造人的学科，它能够塑造出有思想、有灵魂、有温度的学生。对于历史教师来说，我们存在的价值就是要把课本上冷冰冰的知识变为能够赋予有血有肉的学生们的生命动力。

---

① 黄云龙:《初中历史教学对学生历史核心素养的培养研究》,《新课程》, 2017 年第 5 期, 第 26 页。

它让生命变得更加宽厚

宋 玥[①]

历史，是刻在时间记忆上的一首回旋诗。

——雪莱

历史这门学科的魅力何在？几乎每个接受过基础教育的人都学习过这门学科。历史学本就是一门妙不可言的学科，在不同人眼中，其魅力所在都不尽相同。在我看来，历史学科最大的魅力在于其对一个人的人格修养具有无可比拟的重要性。

一个人的人格修养在其一生中占据着非常重要的位置。我国自古就有“家国同构”“家国天下”的传统。习近平总书记多次在讲话中都谈及中国知识分子“修身、齐家、治国、平天下”的家国情怀。人格修养，包括一个人经过长期努力所取得的能力、见解，包括一个人在政治、道德方面的自觉锻炼，还包括一个人在待人处世过程中的风度、仪表、言行、举止等方面的内涵。在我看来，历史学科的知识也许不会给人带来直接的物质收益，但对于一个人的人格修养来说，离开了历史学习的积淀，就犹如无根之木。

历史知识广博而厚重，学习历史能让人的生命变得更宽厚。历史学科，作为一门典型的人文学科，其中凝聚了人类的高尚的道德情操、爱憎分明的思想感情、坚韧不拔的意志毅力、爱国爱民的凛然正气。这些是人类社会代代相传的宝贵财富，是获得饱满人格必

---

① 作者简介：宋玥，首都师范大学教育学院2015级教育硕士，现工作于云南民族大学附属中学。

不可少的精神食粮。在中国历史的学习中，我们可以认识很多伟大的身影，有一统江山豪气万丈的秦王嬴政，有刚正不阿于虎门销烟的林则徐，有智慧超群的外交楷模周恩来……在世界历史的学习中，也不乏供人敬仰的人物，有一生充满着传奇与浪漫色彩的恺撒大帝，有充满智慧并敢于挑战的罗斯福，有伟大的无产阶级革命思想者马克思……

通过历史学科的学习，人们可以把新认知的事物映射到现实生活中，以史为镜，明辨是非。历史知识仿佛是生活的教科书，它使学生们懂得什么是可以继承的，什么是应该抛弃的，什么是可以仿效的，什么是应该避免的，从而使他们能够在这个纷繁复杂的世界上更好地生活。历史课程用历史知识的传递给人以智慧启迪；用人物、故事的典型形象使人主动思索做人的道理；用丰富的底蕴和内涵诉说着人生修养、智慧与情操。做任何事情，有了历史的前车之鉴，有了前人的经验和教训的总结，就能站到更高的层面上有所作为，既不囿于细枝末节，又能高瞻远瞩。这绝不是苛刻的要求，也不是难以企及的，而是普通大众的成功法宝。

历史学科有助于人们辩证思维的培养。历史的学习有其自身的特点，这门学科本身就讲究论从史出，对历史的认识必须建立在事实的论据之上，这就要求学习者要养成实事求是的习惯，具有客观、理性的视角和习惯。然而，人类对历史的客观认识会随着时代和社会的改变而改变。对于过去的真相，某种认识放在一百年前可能是主流思想，但放到现在也许就只是一股被边缘化了的思想认识，甚至完全是错误的。这就要求学习者对待历史学科中的某些观点和史料要具有思辨意识，有意识地去判别什么是对的，什么是错的。历史学科的学习者需要站在当事人和当时的社会背景下去思考与理解历史现象和历史问题，而非站在当今的时代背景下去一味肯定或者批判，这样客观冷静的批判意识实际上是对学生思维的锻炼，在对其他学科进行学习时他们很难直接得到这种具有客观性的思考和锻炼。

历史学科能够陶冶人们科学的态度。早在九十多年前，李大钊就将历史研究与个人的智力成长联系了起来："研究历史的趣味的盛行，是一个时代正在生长成熟、正在寻求聪明而且感奋的对于人生的大观的征兆。这种智力的老成，并于奋勇冒险的精神，不但未有以消阻，而且反有以增进。"[①]他认为，"立在过去的世界上，寻出来的新世界，是真的，实的，脚踏实地可以达到的。"[②]他把历史比作一座高楼，登之愈高，才能把无限的未来世界看得愈加清楚。在美国先进科学协会颁布的《2061 计划》中也提到，通过科学教育儿童应该具有的科学态度是指好奇心、尊重实证、批判地思考、灵活性和对变化世界敏感。而历史学科，正是把这些态度作为了宝贵信条。[③] 历史学科的学习，需要学习者对每一份史料、证据报以客观公正的态度，与现代的研究方法相结合，得出客观科学的结论，整个学习过程就是一个简单的科学研究过程，也是一个对学习者科学态度陶冶的过程。

历史学科的繁荣与发展是推动祖国前进的巨大动力。在历史学习的过程中，学习者必定会接触到丰富的爱国主义内容，它们体现了中华民族的优良传统，凝聚着整个中华民族。近现代的历史上，当中国遭到帝国主义列强的疯狂侵略时，中华儿女的爱国主义精神更是越加激发而不可动摇，从孙中山、黄兴、何子渊、秋瑾等资产阶级革命家到李大钊、毛泽东、周恩来、刘少奇、朱德等无产阶级革命家，都继承了中华民族"以天下为己任"的爱国主义优良传统，将振兴中华的责任置于肩上。在历史学科的学习过程中，学习者对史实进行认识与理解，由此产生出思想上的归属感和认同感，产生出对祖国优秀文化的崇敬之情，激励起对祖国的自尊、自信、自强

① 李大钊：《史学要论》，上海：上海古籍出版社，2013 年，第 40 页。

② 李大钊：《史学要论》，上海：上海古籍出版社，2013 年，第 41 页。

③ 美国科学促进协会：《面向全体美国人的科学》，中国科学技术协会译，北京：科学普及出版社，2001 年，第 188—189 页。

的进取心，如此一来，价值观也会受到良性影响。倘若学生对祖国悠久的历史一无所知，又如何能建立起民族认同感，又怎么谈得上热爱祖国。所以，历史学科在人生观、价值观层面的教育中有着得天独厚的优势，是爱国主义精神培养的重要途径。

由此可见，历史课程的学习在很大程度上是完善人格的必由之路，一个人要想有丰富的精神世界，就不能忽视历史学的修养。同样，这也是历史学科的强大魅力所在。

历史教育的魅力就是一次次的回头

张博识[①]

历史学科，好像在人们心中总处在一个尴尬的位置，不轻不重，可有可无。在初中，主科老师会挤掉历史课。在大学，史纲通识课老师学生相互默契，你好我也好。走出校门，学历史的学生就业面窄。走上岗位，研究历史的人好像既没有很高的社会地位，也没有可以自傲的薪水。可是尽管如此，喜欢它的人依然报考它、研究它；研究它的人依然牺牲自己成全于它。这是为什么？因为他们太爱历史了！历史学科到底有什么样的魅力，让一批又一批的人着迷于此？

历史学科的魅力，有人说是追求真相背后的执着，有人说是象牙塔上的风光大好，也有人说是找寻前人足迹的神秘。我觉得，历史对我来说最大的魅力，就是“回头”。科学替我们举起明灯探寻未知的前方，历史则是一盏烛火观照我们来时的路。当过去不再照亮未来，人心将在黑暗中徘徊，历史就是那道光。

历史的魅力是累了的时候回头望一望，给自己注入点儿叫作情怀的东西。人，不一定有文人气，但得有点儿人文气。今天，现代人的步子越来越快，越来越急。我们拼命地赶路，却也不知道要追赶的是什么。所以历史是个好朋友，带你暂时停下来喝口水，歇一歇，回头看看过去发生的那些事儿。这也是近几年休闲类历史读物在网上火爆的原因，类似《明朝那些事儿》《历史是个什么玩意儿》等

---

① 作者简介：张博识，首都师范大学历史学院2013级本科生。

书籍销量一路走高。这种历史的回头，并不仅仅是消磨时光，汲取知识，更是让我们有了些许的人文情怀。我喜欢阎步克教授在北大历史系开学典礼上发言中的一段话："别把历史学系看成是就业求职的培训，史学提供一种特有的训练，我们从一些看似枯燥艰涩的东西开始，逐渐去体会一种学术境界，去掌握求真技能，去积累贯通古今的智慧，去培养一种对人类命运的关怀。"①历史，正是让我们学着回头去看看那些原本混沌的东西，然后去厘清它，去审视它，培养出的则是我们的人文情怀。

当你学过历史后，看待问题的思路会不同，可能会更客观，更有条理。对知识和真相的追求，会比之前更执着，更坚持。看待事情的角度也会变化，从个人上升到社会，从国家上升到人类。多元多方位的文字记录，让我们在解读分析中形成冷静理性的人格。

历史的魅力也是回头的一次次对话，和那些远去的背影。历史里不仅仅是一堆堆冰冷的史料和一页页生硬的事实，还有那一个个有血有肉的人物。你可以回头看见陈寅恪，他在跟你讲"独立之精神，自由之思想"。先生学通古今中外，一生追求独立自由，追求文化，晚年在眼疾困扰下，依旧口著出《柳如是别传》。先生的风骨和精神，让数十年后的我们由衷敬佩。再往前看一看，哦，那是林则徐大人。"苟利国家生死以，岂因祸福避趋之。"虎门销烟，抗击英军，他是中国开眼看世界第一人。到新疆各地"西域遍行三万里"，实地勘察了南疆八个城，加深了对西北边防重要性的认识。林则徐所译资料中发现沙俄对中国的威胁，促成了他抗英防俄的国防思想，成为近代"塞防论"的先驱。林大人的忠心报国，无怨无悔，告诉我们忠诚和责任的含义。再前面是宰辅张居正，"汉以后二千余年人物，真有公诚之心，刚大之气，而其前识远见，灼然於国覆种奴之祸，已深伏於举世昏偷，苟安无事之日。毅然以一身担

① 阎步克：《历史这门学问》，《社会科学论坛》，2005 年第 1 期，第 113—115 页。

当天下安危，任劳任怨，不疑不布，卒能扶危定倾，克成本原者，余考之前史，江陵一人而已。”[①]熊十力这样评价张居正，我想是不算过分的。

回头看去，一场场对话，一个个人物的背影渐行渐远。莫放春秋佳日过，最难风雨故人来。故人走了，但历史让我们去赶上他们，聊一聊，历史也让我自己更加坚信。有些背影，恰恰是这个民族的正面。他们的品格气节，操守言行，是这个民族能够不断坚挺的支撑。

历史的魅力也是回头的审视和学习，关于那些是是非非。人文学不是理工科的学问，没有那么多的公式和定理。历史不能像化学一样通过实验去解惑，也不能像数学一样去计算。历史需要自己的理解看法，需要个人的感悟。读史使人明智，让我们从前人失败或成功中总结经验教训。历史带我们去看看成功的人是怎样成功的，失败的人为什么失败。为什么刘邦能够领导起义成功，打败了楚霸王建立大汉王朝？为什么孙中山空口白舌带领仁人志士推翻了清政府？为什么权势熏天的袁世凯想要称帝就人人喊打？历史是有一定规律的，随着时间的推移，我们跟着历史去探寻它，为今天个人生活和社会需要服务。

回头正是为了更好地向前看，历史不是埋首故纸堆，更不是离我们远去的背影。一切历史都是当代史，许多的历史事件对我们今天依旧有着重要意义。成功的经验要我们看清方向，错误的教训让我们少走弯路，在文明的长河中我们都是小小的行者，那么历史就是我们的导航仪。

历史在一次次的回头之中，展现自己的魅力。它让人安静，在浮躁的今天，让你更理智地思考。山长水远，风物长宜放眼量。历史不是急功近利，是慢火的小心烘焙，让你潜移默化地受其影响。

① 熊十力：《韩非子评论，与友人论张江陵》，上海：上海书店出版社，2007年，第120—121页。

它也不会多话，它只是默默地呈现在你面前，就像它穿越千百年所做的一样。因此你要试着与它沟通，你要了解它所在的时代，了解那个时代里它所处的生态，它所扮演的角色，然后深陷其中，不想自拔。生而为人，学点历史不吃亏！

如果历史是回头的对话，那么历史教育则是这场对话的媒介。让那些初窥门径的人，那些想要加入这场对话的人，那些想要推门进来的人，有个机会，有个正确的方向。当然历史教育更像是这个社会的振奋剂。它希望去唤醒一些人，唤醒一些沉睡的东西，唤醒一些需要精神的灵魂。在这个精神相对匮乏的时代，个人魅力和人格的完善需要这样一个振奋剂。这也正是一代代历史工作者、历史学科教育者所坚守的初衷吧。

唤醒记忆，传承文明

徐　雁[1]

“唤醒记忆，传承文明”是我给北京四中考古社确定的宗旨。在接到杨朝晖教授布置的“论历史教育的魅力”这个命题作文时，我就想起了这 8 个字，寻思能否用它们说明中学历史教育的魅力，经过几天的思考，我认为是可以的。

现在想来，我当初用“唤醒记忆，传承文明”作为考古社的宗旨，其实是出于我对历史教育的理解。从文字学的角度看，“歷”字在甲骨文和金文中的字形，就是一只脚，表示人穿过一片树林；“史”字在甲骨文中表示的是一种特殊身份或一种特殊职位，就是记录。尽管到 19 世纪末中国人将“历”“史”二字连在一起，才有了今天“历史”一词的含义，但“历史不仅是指过去的事实本身，更是指人们对过去事实的有意识、有选择的记录。”[2]从“历”和“史”甲骨文和金文的字形出发，我不禁感慨：历史就是人类在时间的丛林中行走，对于过去发生的事，我们怎样知道曾经的穿行？我们怎样在时间的丛林中，去寻找那些过往，回答“我是谁”“我从哪里来”的问题？我一直对考古学感兴趣，以为文物和遗迹较之文献能更好地回答这些问题，因为文物和遗迹能更真切地再现过去，更鲜活地唤醒我们的民族在岁月中穿行的记忆，因为这些关于民族的“集体记忆”，我们的民族得以丰盈、伟大，文明的薪火在这样的记忆中得

---

① 作者简介：徐雁，北京市中小学名师发展工程项目学员，工作于北京四中。

② 葛剑雄、周筱赟：《历史学是什么》，北京：北京大学出版社，2002 年，第 72 页。

以传承。因此我将“唤醒记忆，传承文明”定为了考古社的宗旨。

考古学的重要任务是寻找那些过去发生的事，用探寻的成果塑造关于国家与民族的集体记忆。然而，绝大多数中学历史教师并非历史学或考古学研究者，并不需要完成探寻历史的任务，但在塑造民族集体记忆方面，中学历史教育同样要承担重要责任，历史教师要在学生三观形成的重要阶段，带领他（她）认清并建立自己与国家、与民族之间的文化纽带。

钱穆先生说：“一民族文化之传统，皆由其民族自身迁传数世、数十世、数百世血液所浇灌，精肉所培壅，而始得开此民族文化之花，结此民族文化之果。”[①]引导学生继承这些优秀的文化传统，其实是帮助学生认识自己的文化国籍，认同自己的文化基因。尤其在全球化带来“时空浓缩”的当下，“空间扁平化”造成了人的身份破碎化、认同危机化[②]。通过历史教育，传递关于中华民族的共同历史记忆，表现其中“激动人心的、让人感到亲切的共同体的历史画像”[③]，帮助学生认同自己的中华民族身份和民族文化，在“唤醒记忆”的过程中担起“传承文明”的使命，是历史教育的重要价值和历史教师的使命所在。

爱是知的产物，“惟知之深，故爱之切”[④]。我赞同这个观点，也在教学实践中发现，学生们对中华优秀传统文化了解越多、理解越深，就越能对之产生热爱，所以，我在日常的教学实践中探索如何加以落实。在进行高中必修3导言课时，我展示2008年北京奥运会开幕式中的图片——日晷、击缶、天干地支等，并给同学留了一个特殊的作业：请同学下课后分别就自己感兴趣的图片查资料，然

① 钱穆：《国史大纲》，北京：商务印书馆，1996年，引论第32页。

② ［英］乔治·拉伦著，戴从容译：《意识形态与文化身份：现代性和第三世界的在场》，上海：上海教育出版社，2005年，第211页。

③ ［英］安东尼·D. 史密斯著，龚维斌等译：《全球化时代的民族和民族主义》，北京：中央编译出版社，2002年，第72页。

④ 钱穆：《国史大纲》，北京：商务印书馆，1996年，引论第2页。

后在下节课给大家介绍，并总结奥运会开幕式中所体现的中国传统文化因素。同学完成作业的兴致很高，各种作业的介绍也很有特色。但在介绍“缶”时，一些同学却产生争论：它究竟是古代丧器，还是古代的“冰箱”(鉴)？它是否适用于奥运会开幕式？争论后感兴趣的同学继续查找资料。在这样的找资料和展示活动中，不少同学了解到更多的相关知识，进而对中国古代传统文化产生兴趣和热爱。我认为同学们的这种兴趣和热爱非常重要，因为它们是历史学习最持久的动力。

在后续的教育实践中，我请了北大教授、故宫研究员等专家来学校给中学生开讲座，讲对中国古代陶器、瓷器的鉴赏，讲文物发掘与保护，在校园进行“鼎盛中华”等展览。在聆听专家讲座、增长知识的过程中，更多学生们爱上了“徜徉在瓷器长河之中，了解每一个瓷器背后的故事，知晓每一道花纹独特的寓意”，爱上了与这些知识相连的文化。

在教学实践中我还体会到，今人对于民族历史产生认同，不仅需要了解相关知识，还需要设身处地理解古人及其思想，否则很容易以今人的标准苛责古人，不利于形成正确的历史理解，甚至阻碍今人对传统文化形成认同。我常常提醒自己和学生在学习历史时，“神游冥想，与立说之古人，处于同一境界”对古人“所以不得不如是之苦心孤诣，表一种之同情”[①]。比如现在常有人批评孔子提出“学而优则仕”，认为孔子主张学问好的人去当官，导致后来中国的读书人往往把做官作为求学的目的，进而丧失独立思想、独立人格，成为政治的工具。但是如果我们把“学而优则仕”放到当时的历史语境下去考察就发现不是这样的。在讲到孔子时，我把这个话题拿出来，请有兴趣的同学在课前查找资料，然后在课上讨论。在课

① 陈寅恪：《金明馆丛稿二编》，北京：生活·读书·新知三联书店，2001年，第279页。

上交流时，大家以专家学者的相关研究成果为依据[1]，首先将“学而优则仕”置于其原本的语境中，即《论语·子张》中的“子夏曰：‘仕而优则学，学而优则仕’”，结合先秦时期其他文献来考察这当中“学”和“优”的本义，意识到这里的“学”不是简单等同于我们今天的“学习知识”，“学”的重点是为人之学，着眼点是人的品德；“优”也不等于今天的“优秀”，而是“宽裕、充裕”的意思，“优，有余力也。”[2]把字义弄清后，大家将这句话放在当时的历史场景中，放在长期世卿世禄制度导致“未学而仕”现象大量存在的时代背景中，将“仕而优则学，学而优则仕”联系起来看，就明白了“仕而优则学”是对世族弟子说的，劝未学而仕者应当多学习，提升自己的品行与学问；“学而优则仕”则是对平民中未仕而学的人所说，劝勉他们在学有余力的情况下，积极做事、当差。在以同情（同一情景下）理解的态度考察以后，师生认识到孔子提出“学而优则仕”，强调的是明德修身与为官从政之间的关系，这一提法对原来世卿世禄观念形成冲击，在当时有着重要的历史进步意义。在这样用历史思维“设身处地”地理解历史的过程中，学生们认识到一个文化人物所拖曳出的是一个时代的背影，了解本国的文化传统实际上是在了解一个民族文化成长的心路历程。有了这样的理解，他们也就更能对本国以往的历史文化持“温情与敬意”，更能认同自己民族历史的文化身份，而“中华民族认同是最高序位的国家认同，为其他认同的存在提供坚实的心理基础……使人获得力量、安全、温暖、保护和福祉。”[3]

以上教学是我作为一名中学历史教师帮助学生了解与热爱自己民族历史、民族文化的尝试。而我也欣喜地看到，在学生对本民族

---

① 参见罗安宪：《“学而优则仕”辨》，《中国哲学史》，2005 年第 3 期，第 31—38 页；李小鹏：《子夏“学而优则仕”本义考释——以先秦儒家学派的学习观为中心》，《齐鲁师范学院学报》，2014 年第 3 期，第 58—61 页等。

② （宋）朱熹：《四书章句集注》，北京：中华书局，1983 年，第 190 页。

③ 刘莉：《全球化场域中中华民族文化身份与民族认同的建构》，《思想战线》，2011 年第 6 期，第 16—20 页。

历史和文化知识有了更多的了解，对知识背后的历史演进有了同情之理解以后，他们中的许多人都对中华优秀传统文化产生尊重和热爱，这一发现让我这个历史老师感到无比兴奋和自豪，也更加激励我进行更多的探索。

在进行高中历史必修教学的时候，作为辅助，我要求人文实验班的学生读钱穆先生的《国史大纲》，并上交读书心得。学生们先是感叹“繁体字，竖排版，文言语，大部头让我望而生畏”，但是在教师的引导下，在小伙伴的陪伴下，他们中的一部分人还是认认真真地读了下去。于是有人爱上了“繁体字中所蕴含着的历史的厚重感所产生的沉静与波澜，缜密的思维构建出的论述开出的秀丽的花朵”；有人感动于在抗日战争期间“一个伟大又孤独的学者心怀希望却又不得不做出最坏的打算，在中国命悬一线的日子里，用一种深重的情怀将祖国的历史一一回顾记录”；有人因此有了“深深的民族自豪感”，愿意继承与发扬钱穆先生发掘出的一脉相承的“立国精神”与“立国理想”。

我更加惊喜地发现，在学生们有了对本国优秀传统文化的了解、理解、尊重与热爱后，他们中的一些人开始主动承担了为中国优秀传统文化代言的任务，主动担负起了传承文明薪火的责任。他们中的一些人主动联系了博物馆，在通过博物馆的培训和考核后，在博物馆进行讲解实践活动。这样的学习、培训与讲解会占用学生们的大量时间，但他们不以为苦反以为乐，感叹“带着观众在古色古香的展厅里流连，有一种‘陌上花开，可缓缓归也’的美好感受”。他们中有不少人高中毕业后去国外读了大学，在国外尽管所学并非历史专业，更非文博专业，但他们仍时不时地向国外师生介绍中国的传统文化知识。从他们给我的反馈看，他们中有人“很高兴传播中国传统文化”，有人说希望自己“将来能站在国际舞台上为中国文化代言”，甚至还有人出于对中华优秀文化的无比热爱，将“为五千年重光而读书”作为自己的座右铭。

行文至此，我发现自己主要是在讲对中华优秀传统文化的教育，对中华民族集体记忆的唤醒与传承。我深知中学历史教育的内容绝不仅仅是中华优秀传统文化，还有如何对待世界其他文明等问题，但正如鲁迅先生在谈及唐朝时所说的那样："那时我们的祖先们，对于自己的文化抱有极坚强的把握，决不轻易动摇他们的自信力；同时对于别系的文化抱有恢廓的胸襟与极精严的抉择。"[①]中学生如果能在"唤醒记忆，传承文明"的过程中，产生对中华民族的文化认同、历史认同，进而产生强大的民族自信和文化自信，他们往往能更加理性地对待其他文明成果，"决不轻易地崇拜或轻易地唾弃"[②]自己或者其他任何一个民族的文化。这让我想起现在一位无比热爱以文物为代表的中国传统文化的学生，在学完必修 3 近代西方艺术史之后发朋友圈感慨："要汲取人类所有优秀文化的精粹。"这是她发自内心的喟叹，也让为人师者在她的这声感叹中看到历史教育的美好。

今天，中国社会仍在转型中，如何怀着温暖与热爱，在全球化、多元化的世界，唤醒学生们关于中华优秀文化的记忆，同时本着对其他文明的尊重与理解，理性地传承本民族的历史文化，是我们这些中学历史老师还要继续深思力行的，我想这样的思考与实践，本身就是历史教育的魅力所在吧。

① 孙伏园：《鲁迅先生二三事》，长沙：湖南人民出版社，1980 年，第 36—37 页。

② 同上。

留住记忆，启迪智慧

李　鹏[①]

我研究生的专业是世界史，是所谓的学术型硕士，在自己的人生规划中，也没有想过要做一名中学历史教师，对历史教育更是很少思考。然而现实很骨感，当研究生毕业时，面临严峻的就业形势，我只能屈从于现实，成为一名普通的中学历史教师，至今11个年头了。入职之初，我每天忙碌于备课—上课—再备课—再上课的死循环中，制作课件、书写教案、搜集资料几乎占据了我生活的全部，分身乏术；后来，随着教龄的不断增长，我头脑中经常萦绕着一个问题：在历史课堂上，我拿什么来吸引我的学生呢？在日复一日的教学实践中，我不断地思考历史教育的魅力。

在《现代汉语词典》中，“魅力”是指很能吸引人的力量。那么，历史教育最吸引人的地方是什么呢？我认为就是留住人类的记忆，启迪人们的智慧。

2019年，偶然的机会，我看到了一档纪录观察类公益节目《忘不了餐厅》。在节目中，五位患有阿尔茨海默病的老人充当餐厅服务员，虽然节目组力求营造轻松的氛围，但内容却十分催泪。阿尔茨海默病临床上主要表现为记忆障碍，病人会忘记自己的家人、自己的生活环境，甚至会忘记自己。对一个人来讲，忘记自己的历史是多么可怕的事情。同样地，对于一个家族、一个国家、一个民族来讲，忘记自己的历史也是一件可怕的事情。我认为历史教育首要

---

① 作者简介：李鹏，北京市特级教师工作室项目2019级学员，工作于首师大附中通州校区。

的任务就是要让学生留住记忆，留住关于自己的、家族的、国家的、民族的，甚至人类的记忆。只有留住了这些记忆，我们才会知道来路，明了归处。

每年暑假我都要给学生布置一项这样的作业：访谈自己的父母亲、祖父母、外祖父母等，以“我的家族故事”为题，写一写他们所经历的大江大河；或者以“我家的老物件”为题，写一写老物件背后的人物及故事。学生们访谈家里的长辈，了解家族的历史和老物件背后的故事，非常认真地完成了这项作业。在作业中，学生尽情地表达自己的感想，连续几年下来，我积累了很多故事。

有学生写道：家庭生活的变迁也反映了社会时代的变迁，在我看来历史不仅仅是政治变化、军国大事，它更是无数小人物、小家庭汇聚而成的时间长河。若是连自己都不能了解，如何去奢谈历史呢？我在冰冷的文字和慨叹的语言中追寻不完整的过去，但我想把握自己的未来，六十年后我又会怎样回忆自己的十六岁呢？

有学生这样写道：在中华民族这个大家族中，我的家族只占那渺小的一角，它仅仅只有不到九十年的历史，而且是个平凡的家族，但是，它见证了我们四代人的成长，也反映了中国从 20 世纪 30 年代到今天的波澜历史。作为家族的一分子，我应该了解祖辈们和父辈们生活的场景，也应该从他们的诉说中寻求历史大环境下的小老百姓生活，进而知道我的家族从哪里来，又该以怎样的姿态走下去。

还有学生写道：老物件之所以能成为老物件，不只是年代久远，更是因为它存有几代人的记忆，岁月流逝的痕迹和它无与伦比的魅力。当它消失，便只存在记忆里，再无处可寻；当它存在，就是记忆的载体，承载无数岁月。

每当我读着这些文字，内心总会涌动着一丝感动，孩子们说得非常好：若是连自己都不能了解，如何去奢谈历史呢？我布置这项作业，就是让学生在挖掘自己家族历史的过程中能够体悟到：历史的车轮滚滚向前，在时代变迁之下，每个人都是历史的亲历者和见证者，都能感受到个人命运与时代脉搏的共振；同时也想让学生留住对自己和家族的记忆，所谓家国情怀首先是从对家的记忆与依恋开始的。

不仅如此，我们还要引导学生跳脱自己狭隘的家族史，了解民族、国家的发展史，理解民族、国家走过的路。历史课堂上，我们通过考古成果，感受先民们的成就和智慧；通过历代帝王开疆拓土、巩固统一的英雄事迹，理解统一多民族国家的发展历程；通过近代民族危机下仁人志士为救亡图存所付出的努力和牺牲，体会中华民族的生生不息和顽强生命力；通过中国共产党领导中国革命和建设的历程，理解只有共产党才能救中国的真正含义……我们还要展开世界历史的画卷，了解人类历史发展的全貌。一节节历史课的学习，能够让学生了解中国和世界历史上发生的重大事件，留下对世界和人类的记忆，留下对世界和中华民族的理解和自我认同。

“师者，所以传道授业解惑也”。作为一名历史教育工作者，我们除了需要通过历史教育让学生了解自己国家、民族甚至人类的发展历史，还要在此基础上能理解先人的行为、思想，并从中汲取人生的智慧。

我在讲述洋务运动的局限性时提到：洋务运动把西方先进的技术嫁接到中国落后的政治制度上，注定不能救中国。讲到这里有学生突然问我：“李鸿章等洋务派可真笨，难道他们不知道只学技术不学制度是行不通的吗?”我听到这个问题后，心头一震，转念一想，学生的疑问正是我教学的关注点。于是我为学生提供新材料，重新梳理这个问题。从汉武帝“独尊儒术”，儒家开始成为中国古代的正统思想，中国传统文化的主流，到鸦片战争爆发时，已经延续了近两千年，根深蒂固，深入人心。鸦片战争后，面临千年未有之变局，笃信儒家伦理道德的士大夫阶层顽固不化而不自知。李鸿章等洋务派认识到不可能全方位向西方学习，只能采取策略，循序渐进，减少阻力。所以才有了陈旭麓先生对洋务运动的经典评价："如果没有'中体'作为前提，'西用'无所依托，它在中国是进不了门，落不了户的。"[①]其实李鸿章在给友人的信件中，早已谈到了洋务运动的局限。讲到这里，我请学生重新谈一谈对李鸿章等洋务派的认识。有同学说道："今天我才恍然大悟，这才是历史背后的真实逻辑。"有同学说道："原来李鸿章等洋务派是非常聪明务实的，他们懂得如何立足实际，将自己的政治理想付诸实践，这才是大智慧。"听到同学们这样的评价，看到同学们闪光的眼睛和会心的微笑，我知道同学们已经读懂了这段历史，也读懂了古人，甚至体会到了古人的智慧。在此刻历史教育就像是一盏明灯，照进了学生的内心，也点亮了学生的智慧。

诸如此类的历史教学片段还有很多很多，如汉武帝的推恩令，用一种"温水煮青蛙"的方式削弱了王国势力，加强了中央集权，还能赢得多数人的支持，里面蕴藏的智慧令人叹服。元朝作为一个少数民族建立的全国政权，他们采用"行省制"来管理国土广阔的帝国，犬牙交错，实现了中央对地方的有效控制，促进了统一多民族国家的巩固和发展，这也体现出了古人的创造性智慧。

常言道，读史使人明智。我们在对学生进行历史教育的时候，引导学生带着一种温情与敬意去学习历史，对古人的行为保持一种同情之理解。只有这样，学生才能更准确地理解古人，汲取古人的智慧。

历史教育能够留住历史的记忆，留住美好的回忆；历史教育能够将智慧传递给学生，照亮学生的茫茫人生路。人类只有从过往的历史中源源不断地汲取智慧，才能创造更多的历史和更美好的未来。而历史教育工作者就是要帮助学生架起一座桥，让学生感受到这份穿越古今与未来的美好。我想，这就是历史教育吸引我和学生的最动人之处吧。

---

① 陈旭麓：《近代中国的新陈代谢》，北京：生活·读书·新知三联书店，2017年，第106页。

教人学历史，更用历史教人

王红光[①]

2003年7月，我大学毕业，从古都西安来到古都北京，成为一名初中历史教师。那年“非典”肆虐，有如今年新型冠状病毒的蔓延，当然举国上下抗击疫情也是一脉相承。十七年来，许多学生问过我：“学习历史有什么用?”这个问题也是七年级历史导言课上必然涉及的，类似“了解自己的祖国、世界和人类”“拓展学习和思考能力”“提高文化修养”“以史为鉴”的答案也给出和论证过多次。如今，当这个问题再次摆到面前的时候，我问自己：“有没有新的思考和回答?”掩卷沉思，一个个身影和故事在脑海中浮现，一点点感触和思考涌上心头。

一、余冠宸——最珍贵的小房子

余冠宸，一个身患脑瘫的学生，行动不便，意志坚强。医生断言他站不起来，可他硬是与不服输的妈妈一起不懈锻炼，无数次摔倒爬起，无数次婉拒老师同学的搀扶，终于在初二实现了独自走路上学的梦想。在历史学习上，余冠宸同样执着。他喜欢历史，尤其是二战史，为此，他建立了一个名为“二战论坛”的QQ群，作为群主他邀请我加入，我欣然答应。每次我从教室门口经过，他都挥手向我致意，大声说：“老师好!”“老师，聊会儿二战呗!”“老师，我有历史问题!”我每次都微笑回应或上前聊会儿。学了河姆渡农耕文明之后，余冠宸交给了我一件用牙签和纸板制作的干栏式房屋模

---

① 作者简介：王红光，北京市特级教师工作室项目2018级学员，工作于北京市石景山区实验中学。

型。小房子不是所有学生作品中最优秀的，却是最珍贵的，一直摆放在我的案头。多年后，孩子发来信息，说他在中国青年政治学院读电子商务，住集体宿舍，喜欢读历史书；2019 年教师节的傍晚，他在学校门口等我，说他刚下班，已经工作，仍然喜欢历史。我提起那个小房子，他笑着说记不清了。我心里想："老师一直记着，永远珍藏。"

这个孩子的故事让我想到"一束光"。因为从小对历史的热爱与学习无疑给这个孩子的生活照进一束光。我想这束光也同样照亮了很多孩子的生活。作为十几岁的少年，孩子们的生活有时丰富多彩，有时朴实无华，有时忙碌紧张，有时闲暇平淡，有时充满天真与烂漫，有时蕴含困难与苦涩。像余冠宸一样，许多孩子喜欢历史，因为历史中有个性鲜明的人物、扣人心弦的故事、扑朔迷离的谜团、宏伟壮阔的场面、沧海桑田的感慨、耐人寻味的启示……一些时刻，孩子们把自己的目光聚焦于历史故事和文物之谜，被趣味所吸引，忘却了曾经的平淡和少年的烦恼。历史给孩子平静的内心掀起过无数波澜，给孩子平凡的生活增添过一点亮色，给孩子柔弱的肩膀带来过几分勇气。历史像一束柔和而又深邃的光亮，照进了孩子们平淡无奇的生活，也照见了过去、现在和未来。这是历史本身的魅力，也是历史教育的魅力。

二、张康康——我为老师画张像

有一次，学校的一位语文老师发给了我一篇文字，那是一篇作文习作，题目是《我为老师画张像》。

他，是至今教过我的男老师中，令我印象最深刻的一位。他每天出现在楼道里，行色匆匆，犹如穿行于历史之间，这班讲完伍子胥，就要去另一个班讲二战了。……抗击日寇，他讲得慷慨激昂，他找来无数图片和录像，想方设法再现当时的情景，尤其是他的解说，把我们一下子定格在了那个年代，心痛，紧张，畅快，只因为历史的进程，甚至，他在讲黄花岗七十二烈士时，写了一首小诗，在心与心的交流中，我们每个人都潸然泪下，于是他让我们记住："先天下之忧而忧，后天下之乐而乐"，"天下兴亡，匹夫有责"。

写下这段文字的张康康是一名短发女生，活泼而睿智，经常和同学杨力一起来我办公室聊历史。受我影响，他们也喜欢《百家讲坛》中的易中天、王立群，还曾推荐我看喻大华主讲的《末代皇帝溥仪》。

张康康同学给我的这个画像，让我想到了"留痕"二字。我想历史教育的魅力在于可以通过我们在孩子的生命之中留下痕迹。当一个个可爱的孩子、一个个鲜活的生命与我们相遇的时候，我们可以用历史去与他们对话，走进他们的心灵，引导和陪伴他们成长。历史教育是一柄无形的画笔，帮助我们在孩子们心中留下一个个五彩斑斓的历史印记，其中有沧桑、壮美、灿烂、辉煌、屈辱、无奈、奋斗、进取……在这样的过程中，我们历史老师也在践行着"教书育人"的使命。"育人"是目的，是追求；"历史"是载体，是内容；"教育"是途径，是方式。这期间，我们历史教师扮演着非常重要和不可替代的角色，很多孩子主要是通过历史教师来接触和学习历史的，我们是孩子们历史学习的重要启蒙者和领路人，孩子们也往往是"亲其师，信其道"。历史教师育人既通过历史，又不仅仅通过历史，也包括我们整个人。作为学生生命的留痕人，我们任重而道远。

三、马佳昕——心头萦绕"正定记忆"

马佳昕，学校一位活泼开朗的初二女生。历史课后经常拉同学一起来到我办公室，口头禅是"为什么？"学校位于石景山区八角街道，她追问我："老师，为什么是八角？不是六角？"于是我拿出石景山区地方史的相关书籍，告诉她：相传明朝时，曾有山西省洪洞县逃荒难民钱、赵、阅、孔、祁、王、梅、肖八户人家最早在此定居，名曰八家村。由于山西洪洞口音称"八家"为"八角"，所以"八家村"也被叫成了"八角村"。后来小马同学参加了历史学科实践活动 3D 文物模型制作。在“文史中的建筑”这一专题选题上，她和组员发生了争执，伤心哭泣。单独沟通，她终于说出实情。原来她家祖籍是河北正定，为当地望族，有祖宅马家大院。小马父亲常年在北京，祖宅因家庭变故转卖拆除。小马想用 3D 模型建造马家大院正定古建筑，抚慰父亲心中的伤痛。得知此事，我把这个小组的孩子集中在一起，说明缘由。同学们都很支持，将研究主题商定为“正定记忆”。后来这个小组的孩子们做出了四合院和正定的四座古塔模型，整理了相关的历史资料，圆了小马同学的寻根之梦。

马佳昕的故事让我想到了“寻根”二字。历史是寻根之学，历史教育也在引导孩子们从历史的视角去探寻“我是谁”“我从何处来”“我往何处去”等问题。带着这些问题，孩子们的思索和探寻范围波及我、家庭、家乡、国家以及人类。

小马同学对于家乡地名的好奇，对于祖宅庭院的眷恋，体现了一个孩子对于“根”的追寻，对于“来处”的执着。马佳昕的故事让我想起了我自己，那个 1996 年河北省唐山市丰润县城西公路上倒坐在同学自行车上去县城寻找县志的男孩，那个与同学爬上压库山去端详残破古塔的男孩，“行车倒坐为县志，笑看山阳古塔峰”。寻根是深藏在我们每个人心中的意愿，历史教育引导我们去把这种意愿变成现实，这是历史教育的魅力所在。

四、王子石——废纸箱变成“青铜器”

王子石，一个又高又瘦，虽不善言谈，却心灵手巧的男生，昵称“小石头”。一次周五的历史课上，我们学习了“青铜器”和“甲骨文”，下课前我鼓励孩子们可以动手做一做。周一早晨的楼梯上，“小石头”交给了我一个盒子。打开一看，是一件商代青铜钺模型，精致而古朴。但我实在看不出它是用什么做的，想不出它是怎样制作的。经沟通得知，他用的是硬纸板，三层。由于对历史教材上的青铜器比较感兴趣，他又上网找了许多青铜器图片，最后选定商代青铜钺。随手勾勒出轮廓，用壁纸刀裁剪并镂空主体，裁剪眼睛、眉毛和嘴巴的图形，双面贴上做出凸显的效果。用填缝剂补平所有缝隙，磨出钺刃部锋利感，用国画颜料调出青铜色彩，多次涂抹，蜡烛烘烤，埋入沙土……面对老师的惊叹和赞扬，“小石头”淡淡一笑，“老师，没什么，挺好玩的，只是需要多用一点时间”。

此后，河姆渡氏族干栏式房屋模型、战国青铜戈模型、圆明园大水法遗址模型、八大处佛牙舍利塔模型……“小石头”的历史作品一次次震撼着老师和同学们。在中国节能减排与可持续发展学校社会行动项目第八届表彰会上，王子石进行了题为“废纸箱变成‘青铜器’”的主题发言，其历史小论文也被《中国可持续发展教育》《推进可持续发展教育，提高教育质量》等书刊收录发表。

后来，王子石考入中央工艺美术学院附中。目前，王子石就读于日本多摩美术大学环境设计系，专攻建筑方向。那件废纸箱变成的“青铜器”正静静地安放在实验中学的历史教室中，向参观者诉说往事。

由“小石头”我想起了朱天净，这个文静的女生2019年教师节给我发来一条微信：“老师，我是朱天净，祝老师教师节快乐！桃李满天下。谢谢您的培育，让我喜欢上历史。我现在在山东大学历史文化学院，以后想学考古和文博。”天净初中历史学习很是用心，写过的历史小论文《故宫瑞兽专题研究——鹤》在北京市获奖并在杂志上发表。高中成了学校的历史课代表，有一次听课活动她也参加了，她很高兴地跑过来跟我打招呼。再联系就是这条微信了。看到这条微信，我内心很温暖。

王子石和朱天净的故事，让我想到了“埋下一粒种子”。历史教育的魅力还在于可以在学生的人生旅途中埋下一粒种子。作为历史教师，作为基础教育工作者，我们有幸以历史为礼物陪伴学生走过其人生中最宝贵的一段青春岁月。“一花一世界，一叶一菩提。”每个孩子都是独一无二的。在孩子们成长的过程中，我们把一位位历史人物、一件件历史往事、一个个历史思考引入孩子们的学习生活中，留下或多或少的印记，产生或大或小的共鸣，也埋下一粒一粒历史的种子，其中包含知识、方法、价值和精神。也许，在孩子人生旅途中的某个时刻，其中一颗种子会发芽、长大，在不经意间影响和改变着某些孩子的发展轨迹和人生选择。

赞成和感动于雅斯贝尔斯说的那句话——“教育就是一棵树摇动一棵树，一朵云推动一朵云，一个灵魂唤醒另一个灵魂。”虽不能至，心向往之。历史教育的魅力来自于历史和教育的融合，它像一束柔和而深邃的光亮，照进我们的生活，照见过去、现在和未来；它引导我们共同去寻找“来处”和“根源”；它让我们可以在孩子多彩的人生旅程之中留下痕迹，埋下种子，静待花开。历史教育的魅力中有历史的趣味和沧桑，有教育的艺术和价值，有教师的身影和思考，也有孩子们的真诚与探索……它们汇合在一起，构成了变幻多姿的光彩魅力。

作为历史教育工作者，我们教人学历史，更用历史教人。在这个过程中，我们感受着历史教育的魅力，也体会着幸福与美好。这是我对历史教育魅力的点滴理解，不成体系，不当之处，还望指正。

以人立德，以史树人

闫　竞[①]

历史教学的魅力是什么？我想从一节历史课说起。

2004年我承担了一节市级研究课任务，确定的主题是“马克思主义的诞生和社会主义运动的发展”。之前没听说哪个历史老师在公开课上讲一个类似政治课的内容，我之所以确定这个题目是因为在与教研组的老师们交流的时候，大家都说到一个现象——马克思主义这个课题在青年学生中表现出一种淡漠的距离感，包括我在内的历史教师对于这部分内容的教学也是大致梳理，一带而过。“不好讲”“不知怎么讲”是不是就是“不能讲”？如何去面对这样的课题，我决定先回家看看书。

用了一周的时间看教材，看《共产党宣言》《马克思恩格斯选集》《资本论》，越看心里越毛，难道这就是我要讲的内容吗？这和政治课有什么区别呢？学生会爱听吗？我能讲清这么精深的理论吗？我有点茫然。于是我给朝阳区教研员姚岚老师打了个电话，说出了我的苦恼。姚老师想了想说：“你不能把这节课讲成政治理论课，这就失去了历史课的味道了。你看能不能从历史中，包括历史人物的经历中去挖掘这节课的内容。”我受了启发，又去看马克思恩格斯的生平经历，逐渐有了思路……

闲言碎语就不讲了，直接说说我是如何进行这节课的吧。

我这节课的主要内容就是想向学生展示人类创造的优秀文明成

---

① 作者简介：闫竞，北京市特级教师高级研修项目学员，工作于北京市第八十中学。

果，告诉学生一个真实、完整的马克思和他的思想，最终形成面向世界、面向未来的国际意识。我预先在全年级做了一次问卷调查，其中有一道题是问“人类纪元近千年中第一伟人是______?”收上来的答案五花八门，统计结果得票最高的是拿破仑(与我们刚讲完法国大革命有关)，其次是周恩来，拿到这个结果我心里有数了。于是这节课是从这道问卷题目导入——

当学生看到相同的题目，由1999年英国剑桥大学文理学院发起的全球互联网投票结果，第一伟人为马克思时，一片哗然，议论纷纷。于是我接着这个问题，回溯人类首先进入工业文明的欧洲，带着同学们找寻一个犹太民族的优秀代表——卡尔·马克思，他和他的伙伴恩格斯用执着的思考、勤奋的工作创造出一种思想。当时的人们可能没有注意，用马克思的姓命名的这个思想竟会对世界产生如此深远的影响。无论是发达国家，还是落后国家，无论是西方，还是东方，都有这个思想的影子。我至今都能记起学生当时认真、专注甚至有点严肃的神情。

接下来，我通过图片视频等多媒体手段，带着学生走近了马克思诞生地——德意志的古城特里尔，走近了马克思就读的中学，看到了他的中学毕业论文。17岁，一个与坐在教室里的学生同龄的少年，在自己中学毕业的时候就立下的志向：为整个全人类的解放而奋斗。他希望能够“成为为大多数人带来幸福的人，成为高尚的人，成为最幸福的人，最伟大的人，同时成为人人敬仰的典范”。青少年时代的经历和自我要求对马克思的一生产生深远和积极的影响，这在学生心中引起了强烈的震撼和共鸣。在学生还沉浸在对少年马克思的钦佩中，我又出示了一张法国巴黎“雷·让斯咖啡馆”的图片，在学生不解的目光中我讲出来这样的故事：“1844年2月，在这间咖啡馆里两个德国青年轻轻交谈着，彼此交流着各自的所学和思想，彼此发现两人的想法惊人的一致。在这次交谈之后，两个青年已经结成了毕生的伟大友谊，为他们在理论上和实践上的探索，以及后来作为科学社会主义的创始人，开创了一个良好的开端。他们就是26岁的卡尔·马克思和24岁的弗里德里希·恩格斯。”伴随着马克思和恩格斯深入社会，走进工厂，看到了工业革命影响下的欧洲社会，学生们接下来从欧洲的社会状况来剖析《共产党宣言》的理论内容的来源和内容，从马克思主义与工人运动相结合的第一国际，到马克思主义无产阶级专政理论的第一次尝试的巴黎公社，一个全景式的时代展现在学生面前。看着学生们探究的眼神，我又列出了“马克思主义在西方”“马克思主义在俄国”“马克思主义在中国”“马克思主义在世界”几个标题。这些都是本课教材上没有的，但我觉得在横向了解了马克思的时代后，还需要纵向地看待马克思主义的影响，只有这样才能全面地了解马克思主义。在讲到“马克思主义在中国”时我还设计了一场讨论。结合俄国的社会主义发展，结合马克思当年的预言、马克思理想社会标准、中国的国情，在如何建设社会主义的问题上，学生们纷纷提出了自己的看法。有学生这样表达：“我们都知道任何一种思想都是站在前人的肩膀上提出自己的观点，都有一定的时代局限性，但通过对马克思主义的了解，我觉得马克思主义的事业后人会不断来追随。”从学生的发言中渗透的是他们对国家、民族的社会责任感和历史使命感。不仅如此，课堂中有些理论的探讨，并没有预设的答案，留给学生日后学习发展的空间。

最后我向学生出示了一组图片——在柏林、苏联、中国、埃塞俄比亚、英国等地马克思的纪念碑或雕像。“我是世界公民”是马克思对自己的评价。一生清苦、一生颠沛，依然在关注全人类的发展。马克思的人格魅力就体现在这里，他曾经说过：“我们的事业并不显赫一时，但将永远存在，而面对我们的骨灰，高尚的人们将流下热泪。”课程最后的设计是以呈现《国际歌》的歌词为结尾的，但课堂上学生们情之所至，共同要求唱出来。当教室里学生齐唱《国际歌》时，无须太多的语言，教师与学生都受到心灵的震撼。

“告别了昔日的动荡与激昂，永存的是不朽的理想与精神！”结束这节课时，教室里响起了学生们的掌声。

这节课之后我久久不能平静。梁启超先生说：“善为史者，以人物为历史之材料，不闻以历史为人物之画像；以人物为时代之代表，不闻以时代为人物之附属”，“夫所贵乎史者，贵其能叙一群人相交涉相竞争相团结之道，能述一群人所以休养生息同体进化之状，使后之读者爱其群、善其群之心，油然生焉”。[①] 在人类历史发展的长河中，出现了一大批重要历史人物，他们和今天的学生们有着天然的时间和空间的距离。在历史课堂上通过创设的情境，让历史“活”起来，让历史人物不只是写在书上的一个名字，而是特定时代里曾经的一个生命，他(她)有着个性与活动、理想与追求，受着成长经历、周边人群、时代的影响和局限，从不同侧面影响了人类历史的发展进程。教师引导着学生以历史人物作为材料还原一个时代，通过他(她)的人生轨迹去探寻他(她)的历史坐标，探究他们与时代的相互关系，科学地评价其在历史上的作用，这一过程充分体现立德树人是教育之本这一教育价值的追求。

新时代条件下，“立什么德”“以什么立德”“树什么人”“怎样树人”是每个教育工作者，甚至是每个中国人都必须明确的教育基本问题。2007 年版《高中历史课程标准》中提出“加深对历史上以人为本、善待生命、关注人类命运的人文主义精神的理解。培养健康的审美情趣，努力追求真善美的人生境界”。十年后，2017 年版《高中历史课程标准》进一步指出：“从历史的角度去了解和思考人与人、人与社会、人与自然的关系，进而关注中华民族以及全人类的历史命运。”两版课程标准都明确提出了中学历史教育在立德上的要求和标准。

那么，怎样立德呢？

---

① 梁启超：《中国历史研究法》，北京：中华书局，2009 年，第 177 页。

在历史课堂上借助“历史中的人”为立德发声，以他们的言行作为历史学习的材料，就像这节课中的马克思，一个仿佛离学生很远的人物，但是当教师引导学生阅读马克思的中学论文，他对于友谊的话语，对于1840年代的认识，对于理想社会的追求，对于巴黎公社的反思等，师生对这些材料展开对话和交流，在共同学习中形成了对一个生命和他所处的时代的认知和对我们今天的发展的思考。一个尊重生命、热爱生活、充满情怀、批判辩证的学习氛围，成就一个有境界有温度的历史课堂，凸现历史教育魅力。

随着教龄的增长，我越来越深刻地体会到历史教学不只是让学生感知历史、理解历史、积累历史，更是要让学生的历史学习由感性认识上升到理性认识，使学生的人格与素养得以提高、完善和升华。作为人文课程，培养符合社会发展需要的公民意识和人文素质是中学历史学科教学的内在潜能和终极目标。因此，我认为历史课堂一定要关注“人”，一是关注历史中的“人”；二是关注学历史的“人”，即学生。而历史教师就联结起“历史人”和学生之间的“摆渡人”。在遵循教育教学规律和学生身心发展规律的基础上，教师要充分、精心地挖掘历史教材，选择优秀的历史人物和丰富多样的史料，通过问题引领、材料研习、拓展阅读、开放式论证等方式，让学生在与历史中的人物产生共情共感，体会和思考历史洪流与个人命运的关系，进而增强历史感悟、逻辑推理和发散思维的能力。在此过程中，学生的生命与“历史人”的生命进行了沟通与对话，进而汲取到人类的智慧，获得更为丰富的历史文化内涵，自身的智慧力量也在发展中成长。这一过程不仅提升了学生的人格魅力，更凸现了历史学科的教育功能和德育导向，所谓“随风潜入夜，润物细无声”之教育效果也不过如此。

因此，我认为一个有境界有温度的历史课堂一定是一个有“人”的课堂。而这就是历史教育的最大魅力所在。

滋养共情能力的源头活水

刘　玥[①]

从成为学生开始，我接触的各学科的老师都有其鲜明的学科特点。我身边的历史老师们，也常常给人儒雅、亲和、淡然、学识渊博的印象。他们一般不太愤世嫉俗，反而能够用理解之同情的方法去思考问题，因而显示出特有的人格魅力。我想这与他们长期从事历史教育有关，与历史带给老师们的共情能力有关。共情能力通俗讲就是感同身受的能力，是一个人能够理解别人的经历，并对此做出反应的能力。共情需要人们能够站在对方立场思考，能理解对方的感受。共情能力已经成为今天社会生活中人与人之间交往不可或缺的能力，而历史教育就是滋养共情能力的源头活水，能够润物细无声。

李大钊曾经说过："历史这样东西，是人类生活的行程，是人类生活的联续，是人类生活的变迁，是人类生活的传演；是有生命的东西，是活的东西；是进步的东西，是发展的东西，是周流变动的东西。"[②]历史是由"人"的活动构成的，其内容是丰富、鲜活的；历史又是不断发展的，每一时代都在不断变迁中具有特殊性。对历史中人物和群体的关注，对历史事件的探寻，对连续发生的历史的尊重，都需要培养共情能力。而在历史教学中，很多细节都为我们培养共情能力提供了契机。

---

① 作者简介：刘玥，北京市特级教师工作室项目2019级学员，工作于北京市第五十七中学。

② 李大钊：《史学要论》，北京：商务印书馆，1924年，第3页。

在学习历史的过程中，阅历不够丰富的学生常常会不自觉地忽略古今的变迁，将现在的认识强加于古人，产生一些啼笑皆非的解释；也会对历史人物的思想和行为、对历史事件的发生和发展原因产生困惑、误解。比如历史上那位疑惑穷人为什么不吃肉的皇帝；再比如搞不清楚传说到底是真的还是假的，等等。这些都会让学生产生感受历史中真实的人物和事件的愿望。为此，在历史教学中创设有趣的活动、真实的历史场景，就可以帮助学生转变角色，理解不同做法和态度产生的原因，引导学生达到穿越时空的心理感悟，用友善和别人易于接受的方式表达自己的内心。

“倾听”是共情的基础，明白他人的想法和情绪，才能感受他人的真实处境。历史课堂上，我曾设计了让学生学会“倾听”古人的机会。

在上“马克思主义的诞生”一课时，我引用英国议会对工厂工作条件的调查中纱厂工人约翰·赖特的证词来引发学生对工人阶级处境的感同身受：

为什么工人说他们的工作环境十分恶劣？——第一，很多工人都挤在狭小的房间里工作，有些里面挤着40人……最多有100人挤在一起的情况。这既损害健康又影响成长……第三，工作过程沉闷乏味、千篇一律，让工人们感到十分压抑……第四，孩子们每周被迫劳动或是被关在工厂中长达76个小时，这也太过分了……

之前我曾做过对比，当我上课直接告诉学生“工厂的工作条件十分恶劣！……”我甚至加重了语气，使用多个表示贬义的词汇描述，但是学生似乎没什么反应。但是当我拿出当事人的证词时，学生常常将不可思议以及同情的表情交织在一起。这说明他们“倾听”到了前人的发声，产生了真实的同情理解，他们在试图搞明白这些工人们处境。我想在现实社会中，具有共情能力的学生也会迁移这份“证词”，当他们遇到类似问题时，就会关注人们的工作的时间、年龄，甚至房间里面挤不挤，工作的内容是不是千篇一律等，从而理解人们的快乐和不满情绪是怎么造成的，就会更加妥当地面对和处理现实中的复杂问题。而在历史教学中像这样的真实情景又何止一点两点，历史教育中有大把的真实细节可以作为素材。

学生甚至成人都会给他不了解的人贴标签。一个淘气的学生因为纪律不好常常受到批评，即使他是善良的，同学们也可能冠之以“差生”的名号，甚至欺负和排挤他。皇帝身份与学生实际相差更大，于是就会用“昏君”或者“明君”的标签来区分。这些都是因为他们没有被放置在复杂的环境中。历史教育可以帮助历史中的人物甚至是现实中的人物去掉身上的标签，从而获得对人物处境的深刻理解。

例如学习“从‘贞观之治’到‘开元盛世’”一课。根据《课程标准》要求，学生要知道唐太宗这位皇帝，以及在他的统治下唐朝开创了“贞观之治”的局面，为唐朝前期盛世奠定基础。课堂中，学生要形成对唐太宗的客观认识，就必须将他还原为一个有血有肉的君主。为了还原一个有血有肉的君主，我设计了“兼听纳谏”的游戏。游戏过程中，我通过六个历史真实场景的设置，展现唐太宗和他的大臣们所面临的问题，以及朝廷上真实的观点冲突。在此过程中，一位扮演唐太宗的同学和扮演朝中大臣的其他同学必须做出最终的决定，判断出什么才是正确的决策。最后再请扮演皇帝的同学（大臣们）说说做抉择时候的感想。问一问他们作为皇帝，应如何对待大臣们的建议？什么样的皇帝是“明君”？通过游戏，扮演皇帝的同学出现的三种“断”会让同学们很有感触，一是“大权独断”，二是“不能决断”，三是“当机立断”，感受到即使身为“皇帝”也是有血有肉的人。游戏结束后，同学们纷纷发表感言：“作为一个皇帝，能够多听取臣下的意见，对治理国家非常有帮助”；“作为一个皇帝，对臣下的进谏也要有分辨力”；“当皇帝非常不易呀，太宗皇帝善于纳谏，才能成就大唐盛世”。道理虽然浅显，但是作为没有任何执政经验的学生，相信这一感悟将伴随他的人生。

叶圣陶先生曾经说过，如果他当中学教师，就要“使学生能做人、能做事，成为健全的公民”。叶先生的这简单的教育目标却说明了教育的本质是教人，而不是教书。共情能力的培养可以使学生更好地观察社会、融入社会，正确地理解周围的人和物，怀着包容的态度看待问题，形成健康的心智和积极的人格。而历史教育则是滋养共情能力的源头活水。这源头活水为我们在新核心素养导向下，把学生培养成能够在生活中自立、在社会上立足、在工作中自强的国家、民族的栋梁之材做出了不可替代的独特贡献。我想这就是历史教育的育人贡献，也是历史教育特有魅力所在吧。

第三章

探索与理性

历史是彷徨者的向导。

——[英]阿克顿

让人学会理性思考

赵艳兵[1]

这是一个最好的时代，这是一个最坏的时代；

这是一个智慧的年代，这是一个愚蠢的年代；

这是一个信任的时期，这是一个怀疑的时期；

这是一个光明的季节，这是一个黑暗的季节；

这是希望之春，这是失望之冬；

人们面前应有尽有，人们面前一无所有；

人们正踏上天堂之路，人们正走向地狱之门。[2]

这是作为历史教育工作者的我最认同的一段话。因为这段话让我们看到了历史社会的复杂性，而且这种复杂性远远超乎我们的想象。我们所看到的社会历史，只不过是站在一个角度看到的一小部分，犹如盲人摸象。我们无法看到整体的同时也就会得出偏颇的结论，从而无法以史为鉴指导现实。在当今这个纷繁复杂的社会中，成为一个会理性思考的人至关重要。这也正是历史教育的功能和魅力所在。

一、历史教育能让人正确把握历史发展趋势

社会历史发展有着不以人们意志为转移的内在机制包括规律。社会规律总是表现为一种趋势，一种最终的必然性，绝不以人的意志为转移。列宁说过："革命是不能制造出来的，革命是从客观上

① 作者简介：赵艳兵，北京市中小学名师发展工程项目学员，工作于顺义区教育研究和教师研修中心。

② 查尔斯·狄更斯：《双城记》，北京：人民文学出版社，1996年，第1页。

已经成熟了的危机和历史转折中发展起来的。”[①]帝国主义、封建势力对中国人民的残酷压迫和剥削，驱使中国人民走上反帝反封建的伟大革命斗争的历史道路。在辛亥革命以后的近代中国，代表帝国主义、封建主义利益的，1927年前主要是北洋军阀，1927年以后，主要是国民党统治集团。以蒋介石为首的国民党统治集团对外依靠帝国主义的支持，对内以封建地主阶级和官僚买办资产阶级作为社会支柱，把自己置于中国人民的对立面。抗日战争后，蒋介石集团无视中国人民建设独立、民主、繁荣、富强的新中国的强烈愿望，坚持独裁统治和内战政策，把全国各阶层人民推向饥饿和死亡，迫使他们奋起团结自救。有人说，中国人民革命的发生和发展，有着深刻的社会根源和雄厚的群众基础，中国人民接受中国共产党的领导，走上新民主主义革命到社会主义的道路，是他们郑重做出的历史性选择，具有历史的必然性，是大势所趋。通过历史教育能让人们了解和掌握这些历史发展的趋势，理解中国今日的国情和道路选择，就会对今天社会主义中国所具有的理论、制度、道路、文化产生自信，从而对于自己的人生道路和价值观念，做出正确的选择。

二、历史教育能让人全面辩证看待历史问题

辩证法告诉我们，没有绝对完美和绝对不完美的事物。时代也是如此。现实告诉我们一切事物的发展都有优点和缺点，我们应如何全面认识至关重要。在讲中国传统文化时，教师总是让学生认识传统文化既有精华又有糟粕，最终得出“取其精华，去其糟粕”的结论，显而易见此结论过于简单，只辩证地看问题而缺乏了全面的认识。我认为，学生对传统文化得出的认识应是“传统文化中的精华与糟粕是并存的，是不可分割的”。试想，糟粕全去掉了，精华也就随之不存在了。它就好比荷花的生长离不开荷塘里的淤泥，荷花虽然美丽，它却出自污泥之中。对待传统文化我们虽然可以谈“取

① 中共中央马克思恩格斯列宁斯大林著作编译局：《列宁选集（第二卷）》，北京：人民出版社，1995年，第487页。

其精华，去其糟粕”，但对于一个高中生来说是远远不够的。要让学生进一步认识“精华与糟粕”并存，我们要全面认识中国的传统文化，就要采取蔡元培先生提出的“思想自由，兼容并包”的方针，让优秀的传统文化发扬光大，同时包容“糟粕”，然后改造它，使它适应新时代的需要，这样才是全面认识。在我们的历史教育中，有的老师总是引导学生对历史事件的评价从两个方面谈，一方面谈进步性，一方面谈阻碍性，仿佛历史永远停留在这两个方面。辩证看问题不错，但用二元对立的思考和历史评价方式只能使学生的思维僵化，真正做到独立思考更是难上加难。古人的智慧、精神、胸怀对我们的气质、人格、性格产生深远的影响，并永久地保留在我们民族的血液里，成就我们的民族精神，这为我们理性思考、正确选择提供了不断的思想源泉。我们应该把历史教育的真谛融入我们的日常生活中，内化于我们的点滴生活中，让理性思考成为一种习惯。

三、历史教育能让人做出正确选择

人生有三大遗憾：不会选择，不坚持选择，不断地选择。如何避免这些遗憾，理解、把握好历史至关重要。历史教育的魅力就在于教会人们做正确和对自己有利的选择。例如当你在河边行走时，你看到一个人掉到河里，在危急形势下，你应该如何做出选择，是立刻下水救人，还是报警救人，或者是寻找工具想办法救人。具有理性思维的人首先会清醒地认识自己，如果游泳技术高超，那么应该立刻下水救人；如果不会游泳，就要报警选择别的方法救人，这样悲剧就不会发生。但从当今许多现实事件来看，救人者和被救者双双溺亡的现象却屡见不鲜，可见理性思考和正确选择是多么的重要。当今社会，复杂多样，不时有人选择以自杀的方式结束自己的生命。作为历史工作者的我不禁要问：你连“死”都不怕，还怕活着吗？有什么想不开的事情不能解决，不能换一个角度看问题吗？可见历史教育的魅力还没有在这些人的心底扎根，历史教育还需要不断加强。

当今肺炎疫情大面积暴发，作为普通人的我们如何选择？是直奔武汉贡献自己的力量，还是捐款捐物默默祈祷？是在家主动自我隔离，还是不当回事到处游走？是在网络上发挥正能量，还是造谣生事？这都需要我们做出正确的选择。历史教育告诉我们在国家危急时刻，我们只有和国家一起共渡难关，才是正确的选择，也是大势所趋。我们要积极贡献自己的力量，不造谣、不传谣，发挥正能量，主动在家隔离，做好我们自己的防护工作，这才是理性、正确的选择。

总之，历史教育的真正魅力在于使人学会“理性思考”，做任何事情都会从不同角度去认识，然后做出有利于自己的正确选择，绝不盲从。愿我们都成为这样的人。

擎着一束光

孙玲玲[①]

动笔写这篇小文时，我在腾冲回北京的飞机上，身边是刚刚结束云南历史游学之旅的孩子们。游学途中接到了杨朝晖教授的微信，她与我谈到了“历史教育的魅力”这个话题。这是一个我一直想去思考，但是始终踌躇于门外的问题。此后，游学中的见闻不断地触碰着我，这个问题的答案变得愈加清晰。或许是因为寻到了曾经的西南联大，在国殇墓园悼念了英灵，捧起了一把松山的土，献上了一束白菊，抚摸了惠通桥的尘埃……七天的时间里我和孩子们不断地寻找着、感受着南渡远征的一代年轻人的风骨，触碰着他们心中的火焰。作为历史教师，我也发现了深藏于内心的期盼，期盼着这火焰不是一瞬间的灼烧，而是成为照亮他们未来的一束光，我想这就是这个问题的答案。历史教育的魅力是什么？它就是我们擎着的那一束光，不断地积聚、传递着光明和温暖，给予孩子们理解现实的力量，指引着他们更好地去生活。

每一届高一年级的起始课，我都会问孩子们一个问题——“学习历史有什么用?”孩子们的答案大都是“以史为鉴”“审时度势”这一类。这自然没错，也是我希望听到的答案。因为孩子们认识到学习历史是有用的，对于国家、民族发展至关重要。但是，极少有孩子会谈到历史学习对于他自己的未来生活的重要性。历史的确容易给

---

① 作者简介：孙玲玲，北京市特级教师工作室项目2018级学员，工作于北京师范大学附属实验中学。

人带来这样的错觉，因为它浩如烟海、博大精深，大到一个人的一生在历史书上往往就是几句话。所以，在孩子们的眼中，历史很大、很高，离他们的生活也很远。或许是因为历史太久远了，以至于我们都忘记了，历史就是当年的生活。朱光潜先生曾经说："真正的史料只有两种：证据与批判，即生活与思想。"历史教育就是将这些活生生的人的生活和思想，慢慢地、不断地展现出来，这就是一个积聚和传递的过程。在这个过程中，历史给予的智慧是无法尽数的，大到经邦治国，小到接人待物。无论大小，有些精髓是一以贯之的，就像是独立之思考和"同情之理解"。这些精髓就是我们擎着的那一束可以照亮前路的光。因此，在起始课的最后，我会给孩子们两点建议，"你们应时刻提醒自己——我是一个会思考的人；应时刻提醒自己——对人、对事应有'同情'、'理解'之心。如此，可以让你不盲目、不盲从，做一个眼中有光、心中有爱的人。"

为什么更好地去生活需要学会独立思考？何谓独立之思考？历史教育强调独立思考的价值何在？……这还要从历史本身谈起，历史不是简单的非黑即白。学生要从历史中学会真正理解历史、观照现实，需要拥有独立思考问题的意识、理性判断的能力。从教十余年，我总是不断地提醒自己要谨记这一点，不要让课堂沦为塞满史实的箩筐，要让孩子们有权利、有能力去思考。然而，现实中我的努力却一直伴随着自我否定。有时候我会悲观地认为或许这种努力仅仅是一个美好的愿望，终究会沦为一种徒劳。而这次游学中的一个插曲改变了我的想法。

导火线是一场以远征军为主题的讲座。主讲人是一位老先生，他走访了三千多名远征军将士，获得了大量的史料，但是在解读这些史料的过程中，他掺入了一些个人情感，以至于对某些问题的评价过于片面。听到某些观点，我身边的几个孩子在听讲座的过程中忍不住开始小声议论，一个孩子说："怪不得咱们书上关于滇缅抗战的内容那么少！"另一个孩子说："他的解读角度是有问题的，太片面了。”看到孩子们的疑惑，我也十分纠结。或许，可以让孩子们自己去消化，或许我可以在讲座之后和他们聊一聊。那一刻，我突然想到了北京四中赵利剑老师讲过的一个经历。那是“9·11”事件刚刚发生后的一节历史课，学生们的眼神示意他，他们想听听老师的看法。课堂上，他让学生先谈谈他们的理解。当他意识到学生对这个问题的认识过于片面时，竟然用了几节课和学生继续探讨。赵老师讲完这个故事，语重心长地提醒我们：“作为历史教师不要放过真正的契机。”我想，这会儿应该就是赵老师所说的契机。于是，讲座结束之后，我把孩子们留下，和他们正面交流了自己对老先生观点的理解。我从孩子们很熟悉的我们学校的美术教室谈起，那间教室的名字叫“后素堂”，它出自《论语·八佾》中的“绘事后素”，意思是有好的布做底子，之后在布上作画。我先问孩子们知不知道这句话的意思，好几个孩子说出了答案。于是我继续问：“今天我们听到的、看到的是那块素布，还是已经涂了颜色的布？”孩子们似乎明白了老先生展现的是他对于历史的理解，所以我们不必惶恐。其间，我们还谈到了滇缅地区抗战中的其他史料和观点。陪同游学的化学、体育和数学老师，也觉得这是一个有趣的话题，纷纷加入进来，谈了他们的理解……最后，我提醒孩子们，生活中我们会遇到很多类似的问题，当我们听到与自己原有认知不相符的观点时，当信息量大到我们无法把握时，我们不必惶恐，而应该冷静地思考，多问问自己，你是否掌握了足够的信息，你的角度是否过于片面……在这个过程中，须知占有的史料越多，角度越全面，才能更接近真实。而这一切都有一个重要的前提，即保持清醒、独立思考。我从没有想过，课堂上不断强调的内容，竟然用这样一种偶然的方式，让每一个孩子都体会到了思考的重要性。游学结束后，一个孩子把这段经历写进了文章里：

“讲座结束后，孙老师和我们聊天，在我脑海中留下的印象最深的就是那句‘作为一个研究历史的人，不要把主观情感过多地投射进去。历史研究是一个客观的过程……'再后来，化学老师凯爷查房的时候，我像个傻子一样问他：'梁老师，您觉得今天李先生讲得怎么样?'整个屋子瞬间安静，气氛尴尬起来。凯爷起初不知道该怎么回答，然后渐渐地露出了微笑。慢慢且从容地说了一句话：'历史学习要秉持着客观的心态，不要被他人情感所左右，别想歪。'令我比较惊讶的是孙老师和梁老师的想法是一致的，历史老师和化学老师的想法竟然是一致的。这一刻我懂得了无论是历史还是化学都有一个特点——求真。那晚，男生回到房间后展开了激烈的讨论。邱子益向我们阐释了'模因'一词的概念：模因(meme)，名词。在诸如语言、观念、信仰、行动方式等的传递过程中与基因在生物进化过程中所起的作用相类似的事物。在《牛津英语词典》中，meme 被定义为'文化的基本单位，通过非遗传的方式，特别是模仿而得到传递。'我们生活在充满模因的社会中，电视中的广告，百度里的文章，甚至某一个微信表情包都可能是模因的载体。人们每天都会接收到各种各样的模因。有些是谣言，有些是搞笑段子，有些是一些人未经证实的言论……为什么模因那么容易被我们所接受并传播？因为我们和对方的信息储备不均等以及我们的不自信和盲从。以讲座为例，无论是从信息量，还是从信息获取渠道的对比，老先生的储备一定比在座的每一位同学要大得多。诸多原因综合在一起使他把自己所了解的故事以及几十年来的研究成果和自我情感一股脑地传递给我们。我们突然听到那么多前所未闻的动人事迹，不免心灵一起激动起来。我们的情感也跟着老先生一起跌宕起伏。然而，我还要重复一遍之前我所说的一句话：真正懂历史的人应该是对历史事件最公正的法官。而我们面对所有信息时，需要时刻提醒自己做一个独立思考的人。"

他的文章的名字就是"独立思考的力量"。

黑格尔说过："一个灰色的回忆不能抗衡'现在'的生动和自由。"是的，历史课堂上的一个史实、一个结论不足以应对现实的复杂和多变。历史在发展，我们面对的问题永远在变化。因此，独立思考、理性判断才是理解现实、更好地去生活的路径。而历史教育就是那一束光，照亮了这条路。

我给学生的另一个提醒是谨记“同情之理解”。这个想法要从一节课说起。人教社的初中新教材即将推出，我接到了一个为七年级教师用书录制光盘的任务，课题是《夏、商、西周的兴亡》。那节课很精彩，史料生动、有趣，师生在一个个故事中有序地推进教学，师生互动良好，课堂气氛轻松、活跃。下了课，一个小男孩说：“老师，我觉得西周的人一定是傻，他们竟然不知道分封制有那么大的隐患……”听到这些话，我突然意识到这节课是有缺陷的。这个缺陷是因为我忽视了初一学生的认知特点，即背景意识的欠缺，学生很难置身于西周去理解分封制的价值。而课堂上我恰恰没有解决这个问题，学生自然就无法理解制度“制无美恶”的道理。于是出现了钱穆先生谈到的“站在以往历史最高之顶点，而将我们当身种种罪恶与弱点，一切诿卸于古人”的现象。仔细想来，同理心的缺失不只是无法理解古人，在生活中，孩子们对于自己的家人、朋友、同学的过分苛责，也是很普遍的现象。因此，历史教育强调的“同情之理解”不仅是传递给孩子们一种治史的态度，这种意识对于他们的生活而言，具有更重要的意义。它是一种长久学习习得的、积累的温情。它不仅是历史学科给予孩子们的一种思考问题的角度，更是一份传递着历史教育的温暖，可以伴随学生成长，令其终身受益的礼物。就像前文中说过的历史是很远、很大的，但是历史教育将其带到了现实生活中，我们在生活中去看历史，而历史的光也照进了现实。

这篇小文断断续续地写了一个多月，迟迟无法收尾。这几日，孩子们云南之行的游记，陆续发了过来，于忙碌的间隙读了几篇。文章都不算长，却充满了生动的文字和有趣的想法。字里行间，我看到了那一束光早已经把孩子们的远方照亮。学史二十余载，教书十六年，历史教会了我很多。我理解了时间是何物，什么才是永恒，以及自己应该如何去生活。但是，我始终认为自己谈论历史教育的魅力仍为时尚早。我所认为的历史教育的魅力，更多的是一种主观感受，是历史给予我的，也是我想传递给学生的。我想若干年之后，或许我的认识会有变化。到那时，或许我还可以再来谈谈这个话题，谈谈被这一束光照亮的生活。

认识世界，认识自己

何文静[①]

说到历史教育，我想没有人会否定其对于国家和民族的重要性，历史教育对于凝聚国家民族的向心力，增强认同感起到至关重要的作用。而作为中学课程的“历史”，其目的必然要为国家教育理想的公民，培养有用的社会中坚贡献力量。这当然是基于社会和政治的视角，更多体现的是作为课程的“历史”所承担的社会政治功用。如果说这就是历史教育的魅力，那么或多或少忽视了基于学科教育视角的“历史教育”的育人价值和魅力。作为一名接受了多年历史教育又从事了多年历史教育的历史教育人，我本身既是历史教育的对象，又是历史教育的主体。我经常会思考，历史教育如何影响了我？我又将传递给学生什么？而能在个体生命之间影响和传递的内容或许恰恰是历史教育的魅力所在。

在我看来，历史教育的魅力首先在于让人对历史真实抱有更强烈的好奇和追寻。好奇是人的天性，我们想知道我是谁？从哪儿来？到哪儿去？不过对于历史人来说，对于“历史究竟是怎样的”则更抱有浓厚的兴趣甚至是怀疑，进而想要去追寻。尽管我们知道，“绝对的真实历史是永远无法获得的，就像绝对真理一样……但是，真实的历史依然是历史学家永恒的追求，因为离开了真实，历史学就没有任何价值，就不成其为科学。”[②]当然，不是所有的人都会成

---

① 作者简介：何文静，北京市特级教师工作室项目2019级学员，工作于顺义牛栏山第一中学。

② 葛剑雄、周筱赟：《历史学是什么》，北京：北京大学出版社，2007年，第262页。

为历史学家或者从事专门的历史研究，但是这样一种“求真”的学科精神不仅仅是历史学科自身固有的基本要求，更是学生终身学习和发展所需要的。

记得在学习岳麓版必修二“交通与通讯的变化”一课时，教科书中提到1876年的吴淞铁路是英国商人未经允许建造的，不久火车轧死行人导致民情汹汹，“清政府遂以28.5万两白银赎回淞沪铁路，拆毁并掷入大海”。有学生阅读后觉得不可思议，赎回铁路，为何要拆？拆毁也就罢了，为何要掷入大海？清政府的官员真的那么愚昧吗？于是，我鼓励学生查阅史料，最终多方阅读求证后发现教科书中的叙述的确不符合史实。事实是当时两江总督沈葆桢力主拆毁吴淞铁路，但赎回之后并非“掷入大海”，而是将拆卸下来的材料运至台湾，准备做一段运煤铁路之用。当学生最终证实自己的质疑，触碰到历史的真实的时候，内心产生了满满的成就感，更意识到原来教科书中的叙述也不尽然正确，任何时候我们都不必迷信权威。永远保持对历史真实的好奇，敢于质疑求证，这也正是历史教育给予人的影响及其魅力。

历史教育的魅力还在于它赋予人对历史深刻的体察和感受。历史是有生命力的，今天的我们其实可以置身历史深处，和历史进行超时空的对话，这不仅发生在历史课堂上，也出现在我们的生活中。在历史学习时，我们经常会“神入历史”，去认识和理解当时的人物和事件。比如刚才提到“吴淞铁路拆毁并掷入大海”的质疑求证时，学生又生发了新的问题。既然又在台湾建铁路，当时坚决主张赎回拆毁铁路的行为恐怕就不是“愚昧”二字可以解释的，于是我们继续查找史料，寻求解释。当阅读到沈葆桢的相关公牍时，我们仿佛回到了那个时代，也体会到了他在交通近代化和维护国家主权之间二律背反的苦涩。当时的中国，不管是资金还是技术都难以支撑铁路事业的自主发展，而吴淞铁路所在的重要的地理位置也甚为敏感，从维护经济主权出发，沈葆桢坚决主张拆除铁路。然而无奈的是，清政府21年后原址重筑淞沪铁路之时，主权利益的丧失并没有减少，而是更多了。在对拆除铁路给予“理解之同情”之时，我们更体会到近代化却是不可违背的历史趋势，积极顺应潮流才是真正自强之道。

生活中对历史独特的体察和感悟也处处皆有。或许最简单的例子是，同样站在名胜古迹前，不同的人关注的、思考的一定各不相同。比如同样参观故宫，学建筑的人关注的可能是建筑空间布局、艺术特点，看到屋顶想的可能是这个是庑殿顶，那个是歇山式；学绘画的人首先关注的可能是红墙黄瓦和各种彩画，这个是和玺，那个是旋子；而学历史的人可能一不小心就会“穿越时空”。沿着中轴线行进，气势恢宏的宫殿群仿佛让人重回盛世皇朝，却又可能在瞬间转而思索盛世之下何以危机潜藏；看到乾清宫内“正大光明”的匾额，眼前想象的是清朝历代皇帝殚精竭虑、日理万机，又转而思索何以如此勤政的皇帝却挽救不了国家的衰败；透过东西六宫精巧的陈设和内廷苑囿雅致的格局，可以捕捉到宫廷生活温婉的气息，但却又会慨叹这重重宫闱之下你死我活的残酷争斗……

历史教育的魅力更在于对当下的世界进行理解和认识。英国的历史教育专家李彼得说：“历史……是一种思考方式和一些相关意向的总和。它是一种探触世界的方式，一组可以灵活运用于日常生活中的知识能力。”[①]“历史思考”最重要的特色就是“以历史的眼光审视古往今来的一切事物，确信所有的制度、价值信念都是历史时空的产物，理解任何语言、文字都非凭空而生，而是形成于特定的个人意向、舆论气候、人际背景、语言习惯等脉络下。”[②]这种思考取向不仅有助于探究过去，还有益于面对现世。比如，当我们了解中国的农耕文明和与之配套的皇权专制的漫长历史，我们便能理解当

① 林慈淑：《历史，要教什么？——英、美历史教育的争议》，台北：台湾学生书局，2010年，第181页。

② 同上。

下民主法治建设的必要性和艰巨性；当我们了解到几千年来民族不断融合的漫长历史，我们便能理解中国人心中对统一国家的向往和追求……在教学之外，我也很乐意和同学就社会热点问题互相交流。在中美贸易摩擦愈演愈烈的背景下，我给学生做“历史视角下的中美贸易战”的讲座，解读美国历史上的贸易政策，从更宏观的历史发展角度解读中美贸易冲突。中美贸易战或许不是你死我活，它背后更深层次的是改革战，关键看谁能更好地解决自身的问题。巴黎圣母院大火，我和同学们探讨分析网络上各种声音。巴黎圣母院是世界文明的珍贵遗产，这场大火是世界文明的劫难，但有少部分国人联想到圆明园的被毁，或多或少表现出天道轮回的窃喜和平衡。这当然是狭隘的思维，但在这背后我也看到了一种脆弱，这种脆弱与百年前的屈辱史直接相关。这种狭隘和脆弱需要引导和疏解，否则它只会成为中国走向世界舞台中心的障碍。当我们用历史的思维去看世界时，我们也会更加清醒。

美国历史教育家温伯格说，“历史‘教育’(拉丁文意义是‘引导向外’)具有最深刻的意义：在所有世俗化的课程中，历史最能教给人们那曾经属于神学教育的德性——谦卑面向我们有限的认知能力，敬畏以对人类历史的悠远绵长。”[①]

愿我们永远以谦逊的态度和历史的思考去认识世界，认识我们自己。

① 林慈淑：《历史，要教什么？——英、美历史教育的争议》，台北：台湾学生书局，2010 年，第 181 页。

探求历史“真相”

杨巧稚[①]

历史教育的魅力是什么呢？可能每人都有不同的看法。我认为，历史教育的最大魅力就是像历史学家那样带着学生一起去探究历史的本源，揭示历史的“真相”。而在此过程中最吸引学生的，往往也是他们对于历史“真相”的向往！比如商朝的甲骨文是如何出现的呢？那些精美的青铜器是如何制作出来的呢？周朝为什么会出现王室衰微呢？为什么会出现三国鼎立的局面呢？等等。于是，在课堂上，老师会带领学生利用各种资料去探究这些历史问题，揭开它们神秘的面纱。而在这一历史教育过程中，学生们不仅学会了探究历史问题的方法，而且逐渐养成了一种不懈探究、永不言败的精神。所以，我认为历史教育的魅力就是对历史“真相”的探求，是对“真相”永无止境地寻求和渴望。

探求历史“真相”必然是对历史问题的不断追问和深入研究，才能使我们逐渐地接近历史的“真相”。但是，当我们认为已经拨云见日，看到“真相”的时候，又往往发现自己身处迷宫一样，又看不到“真相”的方向了，我们需要再次追问和探究去寻找那个“真相”，而“真相”却像在和我们捉迷藏，让我们能够无限地接近她，却好像永远不能触摸到她一样，永远蒙着神秘的面纱，而越是看不清楚，越是使我们更想探求这“真相”，这也正是历史教育的魅力所在吧！

我之前进行的一次关于南北战争期间“美国南北方政治矛盾”的

---

① 作者简介：杨巧稚，北京市特级教师工作室项目2018级学员，工作于北京市第二中学分校。

课下拓展研讨活动，恰巧体现了这一过程。课上，我对南北战争爆发的经济原因等内容都分析得比较透彻，而政治矛盾由于比较复杂，就没有在课上过多地去分析，于是布置了这个课后拓展活动。同学们对这个活动的热情高涨，都说终于可以自己主动去探求历史的“真相”了！活动前，我要求学生阅读教材和查找相关资料，自主提出针对这一问题的子问题。同学们提了很多问题，后来在我的指导下，经过同学们查找资料和研讨之后形成了一系列的很有意思的追问与回答：

①为什么南北方的政治矛盾不可调和？

回答：因为南北方对奴隶制的态度不一样。

②为什么南北方对奴隶制度的态度不同？

回答：因为南方是蓄奴州、北方是自由州，于是形成了北方自由州和南方蓄奴州的对立，随着新州加入联邦，致使南北方政治矛盾不断加剧。

③为什么新州加入联邦，致使南北方政治矛盾不断加剧？

回答：因为在领土扩张新州加入的情况下，南北方开始了对新加入州的争夺；南北方在新州是自由州还是蓄奴州这个问题上不断产生争端。

④为什么南北方在新州是自由州还是蓄奴州这个问题上不断产生争端？

回答：因为南北方哪一方拥有的州的数量占优势，哪一方就可以在国会中占据优势，于是南北双方就把争夺的焦点集中到新加入联邦的州是蓄奴州还是自由州上。

⑤为什么南北方要争着在国会中占据优势呢？

回答：因为只有占有多数席位的一方才能控制国会的主要决策，才能更好地维护自己的利益。

同学们通过不断地追问，抽丝剥茧似的逐渐地接近了问题的核心，一点一点地探究到了最深层次的根源，然而问题问到这里同学们一度陷入迷茫，都觉得虽然解决了一些问题，但是这个主题还没有研究透彻，可是一下子却找不到研究的方向了。同学们都觉得南北方的矛盾最根本的问题在于南方是蓄奴州、北方是自由州，根本利益不同，但是这种状态又是如何形成的呢？同学们一时没有找到这个问题的突破口。于是，我针对同学们的问题，指导他们去查1787年的美国宪法。同学们查找了1787年美国宪法的内容，发现这部宪法规定了联邦制、三权分立制度等，建立了一个全新的独立自由的国家，但不是所有人的自由，宪法承认了奴隶制的合法，所以建国之初，13个州就被划分为南北两部分，北方7个自由州，南方6个蓄奴州，形成了南北方的分化乃至对立。

经过对《1787年宪法》的分析和同学们之前的追问与探究，同学们终于梳理清楚了这个问题：美国南北政治矛盾不可调和，主要是《1787年宪法》承认了奴隶制的合法化，致使南北方分化为自由州和蓄奴州，形成南北方的对立和对奴隶制度的不同态度，所以必然要争夺新加入的州，以便争取在国会中占据优势，从而控制国会的主要决策，来维护自己的利益。

这个探究问题终于解决了！许多同学都非常高兴，因为他们通过自己的不懈努力，终于寻求到了历史的真相，梳理清楚了这个问题的来龙去脉，都觉得真是太不容易了！这期间，看了多少书，查找了多少资料，又阅读整理了多少资料，许多同学们自己都数不清楚了。针对资料和观点的分类、删减、逻辑梳理的研讨也进行了许多次。多少难忘的日夜，多少激烈的争吵，才终于寻找到了历史的真相！同学们都觉得太有意义和成就感了！

然而，当同学们都喜形于色的时候，我又突然抛出一个问题：有人说南北方分化为自由州和蓄奴州不是因为《1787年宪法》承认奴隶制的合法化，而是早在1766年的“梅森—迪克逊分界线”就已经划分出北方州和南方州了，这个问题你怎么看？同学们听了这个问题之后，都说我们以为我们终于找到了历史的“真相”，但是没想到历史“真相”这么难探求。刚以为找到了，一下子又变得扑朔迷离了！但是同学们也纷纷表示，不会气馁，永不言败，而且会更加努力地去探寻、探求历史的“真相”！

所以，学生们在这一历史教育过程中收获太大了！他们学会了这种抽丝剥茧、层层追问地探究历史问题的思维方法；学会了搜集、删减、分析、整理历史资料的方法；学会了和同伴交流分享，合作学习的方法；更重要的是树立了一种不懈探究、永不言败的精神，感受到了无限的成就感和无尽的学习动力。这些都会让学生们在以后的学习和生活中能轻松地解决许多问题，并且对他们的终身学习带来无尽的好处！这些也正充分体现了历史教育的魅力所在。

历史教育的魅力是探求历史“真相”。这一过程中，也需要我们从多元视角并用多元价值观来看待历史问题。同一历史事件，不同的人，处在不同的历史时期，站在不同的角度、立场，掌握不同的资料都会有不同的看法和观点。就像盲人摸象，我们往往只感受到自己眼前的这部分内容，而没有看到真正的历史的全貌，即历史的“真相”。即使我们能够全方位扫描一个历史事件，做到从多元角度、站在多元立场和用多元价值观地看待一个历史事件的时候，我们是否就真正探求到历史的“真相”了呢？随着时间的流逝，随着新的史料的出现，随着新的技术的出现和社会的变迁，对同一历史事件的看法，往往又会有翻天覆地的变化。而这正是历史教育的魅力所在，让我们不断对历史“真相”进行探求。

一次上课，我们分析新航路开辟的影响，我把学生分成三组，依据所给材料进行分析。一组分析对欧洲的影响，一组分析对亚非美的影响，一组分析对世界的影响。三组同学依据材料都分析得很好，这时其中一组分析对亚非美影响的同学突然提问：“老师，为什么同一件事情，在不同人的眼里，对它的评价怎么差距那么大呢？拉丁美洲人认为新航路开辟是一场灾难，而欧洲人认为是一个重要的发展契机，为欧洲的资本主义的发展奠定了基础呢？”这个问题当堂就引发了同学们的思考，大家很快就帮助这位同学解决了这个问题——是因为他们是站在不同的立场上，所以对同一历史事件也有截然相反的看法。

根据这个同学的提问我启发大家思考，还有没有类似的历史事件？请大家举例。同学们举了好几个例子，如“三角贸易”、西欧的殖民扩张等。此后，我继续启发大家思考：不同的人、不同的立场对同一历史事件会有不同的看法，那么不同的历史时期，随着新的史料的出现，随着新的技术的出现和社会的变迁，对同一历史事件的看法会不会有变化呢？这个问题一下子把同学们难住了，于是我建议大家课下去自主探究这个问题。

经过查找，同学们查到了许多随着时间和新史料的出现，对同一历史事件的看法发生变化的事件。例如：随着大量新的考古发现，我们对中华早期文明出现的时间不断更新；随着近些年人们观念的更新，对于李鸿章等历史人物评价的变化；随着现实生活环境问题的恶化，对工业革命消极影响评价的增加，等等。这些都说明，不同的时期，随着新的史料的出现，随着新的技术的出现和社会的变迁，对于同一历史事件也会有不同的看法，所以我们才会在前人研究的基础之上，对同一个历史问题不断地展开研究，而在不同时期、站在不同立场又会得出许多不同的甚至是截然相反的研究结果。这使得我们必须学会从多元视角和用多元价值观来看待历史问题，才可以不断地从不同角度、立场和不同历史时期去探求历史真相。

学生们在这一历史教育过程中收获也很大！他们学会了从多元视角和用多元价值观来看待和解释历史问题；学会了从不同角度、立场，依据不同的资料来看待和解释历史问题；学会了随着时间的流逝、新的史料的出现、新的技术的出现和社会的变迁，对同一历史问题要进行不断的重新解释和定位。这些也会让学生们在今后的学习和生活中都能全面、客观、辩证地看待各种问题，而不会是用片面和一成不变的眼光。这些更是突出体现了历史教育的魅力所在。

综上所述，我认为历史教育的魅力有很多，但是探求历史“真相”所带来的魅力是最独特的。因为在这一过程中，老师带领学生可能永远也触不到那个历史的“真相”，但是，在过程中学生们学会了很多很多书本之外的东西。这些历史教育的成果，使得学生在以后的学习和生活中能够全面、客观、辩证地看待各种问题，能够轻松解决许多问题，对学生们的终身学习带来无尽的好处！所以说，历史教育最独特的魅力是对历史“真相”的寻求，而且这种寻求，是永无止境的寻求，是一代又一代人接续不断的探索和寻求！

给学生一双发现的眼睛

刘　婧[1]

历史教育的魅力是什么？当这个问题引发我深入思考的时候，正值新冠病毒肺炎疫情肆虐之时，突如其来的疫情，打乱了所有人的生活节奏。无意间听到父子间的一段对话："中国历史上出现过这样严重的疫情吗？""中国历史上出现过不同的疫情，最终都是人们想办法战胜了，疫情总会过去的。"这些话也不由让我想起自己经常对学生说的一句话："今天发生的事情就是明天的历史。"很快，我就在"国家人文历史"的公众号中发现一篇名为《在天花最为猖獗的时期，清朝都采取了哪些措施？》的文章，包括"天花是什么""皇太极被动避痘""康熙主动防控""民间的种痘免疫"四段内容，并最后得出这样的结论："综上所述，只要措施得当，天花并非不可战胜。康熙在《庭训格言》中自豪地说：'国初人多畏出痘，至朕得种痘方，今边外四十九旗，俱命种痘。凡所种者，皆得善愈。'从当初的'惧不敢进'到后来的'皆得善愈'，说明天花蔓延的势头得到了有力遏制。"我把这篇文章推荐给孩子阅读，让他更能够以历史的视角看待当前的疫情，而不是被紧张的数据和太多的真假所困扰。这也许就是最朴实的历史教育的魅力，历史教育不只是让学生记住过去，更是给学生一双发现的眼睛，发现历史对现在的启发，发现历史对未来的指引，从历史中汲取人类的智慧。

因为疫情的蔓延，学校延期开学，不断增长的确诊数字，以及

① 作者简介：刘婧，北京市教研员高级研修项目学员，工作于北京教育学院丰台分院。

关于口罩与双黄连的排队和抢购，既让人想到当年的“非典”，又难隐盲目和浮躁，更彰显了一个个生命个体、家庭单位面对疫情的恐慌与努力。我联想到钱穆先生在《国史大纲》中那种对于民族和民众的温情与敬意，历史老师当下应该做点儿什么？这时复旦大学历史学系教授、中国科学技术史学会常务理事高晞教授，在历史研习社直播间举办“文明：必经疾病的挑战”线上讲座，我被深深吸引。她说：“人和疾病的关系可以说是如影相伴，共生共存。所以当我们谈‘疾病’的时候，我们首先需要谈一个最基本的问题——疾病是有历史的。……在应对疾病的过程当中，每个民族、每个国家都有自己的特色。”高晞教授的讲座给我以启示，在这个时候，历史老师应该架起古今的桥梁，让我们的学生看到、明白、体悟，引领学生从历史中发现经验，用心感悟今天中国的智慧和中国的力量，真正树立起中国的自信。于是围绕“应对疾病的过程当中的中国特色”这一历史问题，我和老师们一起行动了起来。

随着抗疫的形势越来越好，26 个省份的新增病例逐渐为零，中国的防控措施也得到了国际社会的认可。世卫组织给出了这样的评价：“面对一种未为认知的新型病毒，中国采取了恢宏、灵活和积极的防控措施，古老的方法加以现代化的科技，产生了更大的效果和产出。”中医药在新冠肺炎疫情防治中发挥了特殊的重要作用，中医药深度介入，全程救治，在不同阶段都取得了成效。

围绕中医药的历史，长辛店学校的初三历史老师为学生设计了“同心抗疫 创意复习”的自主学习任务。首先老师让学生回顾所学知识点，梳理中国医学的发展历程，学生先是在教材中寻找、归纳，很快便提交了简单的表格，表格中仅是关于中医药的知识点。老师在此基础上让学生将时间线向前后尽量延伸，不局限于教材，并且联系时事，进而思考中医药的成就与时代的关系，以及发挥的作用；学生自己扩充，将第一次简单的表格变成一个丰富的大表，内容从战国时期的“医祖”扁鹊，发明“望、闻、问、切”四诊法开始；

一直到现代，中国药学家屠呦呦领导科研团队，从古医药古典文献中获得灵感，在70年代初发现了能够有效抵抗疟疾的青蒿素，开创了治疗疟疾的新方法；学生还特别联系到了中医药学在当代的实践与贡献，“非典”时期清热解毒、宣肺化湿的中草药的使用，调节人体机能，提高人体抗病能力，为抗击“非典”做出了卓越的贡献。表格设计项目也由原来的“时间、人物、事件”，扩充到包括“成就和意义”。老师进一步引导学生，如果把知识放到社会热点时事中，怎么认识知识与时事的关系？能否深入思考后得出自己的结论？然后老师组织学生在班级群中分享自己的学习成果。

在微信群里交流时，我建议授课老师推荐给学生阅读《中国疾病史鉴》中的相关资料。从西汉到清末，中国至少发生过321次大型瘟疫，中国历史也是一部战“疫”史，每一次瘟疫到来，中医都不曾缺席。同时，我还让老师再分享给学生相关的时事报道和文章，让学生了解这一次中医药诊疗新冠肺炎的参与力度和广度前所未有，4000余名中医医务人员奔赴一线参与救治。系统规范的中医治疗还以科技为支撑，具有临床针对性，取得了良好效果等。授课老师接受了我的建议，带着学生走进历史又走出历史，在师生互动中，学生不断完善着自己的感悟。有一位同学这样总结道：“中医药学是中华民族的宝贵财富，为中华民族的繁荣昌盛做出了巨大贡献。它的理念正逐渐为世界所接受，它受到国际社会越来越多的关注，我们也越来越需要它，它是中华文明的瑰宝，我们应该将它传承并发扬光大。”

看到学生们得出的结论，我感受到了历史带给他们的力量与自信。他们通过自己的探查，发现中医药学是中国传统医学精华的提炼，发现中医药学的经验对现在的启发。他们从历史中汲取人类的智慧，同时也潜移默化地传承着中华历史文化。

面对疫情，我觉得历史老师应该将疫情本身当作最真实、最生动的教科书，引领学生在疫情面前深入思考。于是，我们又有了新的教学尝试。

北京十二中科丰校区的初二年级历史老师设计了“以史为鉴，抗击疫情”的主题探究活动。

活动一：结合所学知识，从地点(空间)或时间角度任选其一，回顾关于武汉或庚子年的相关史实。1. 地点(空间)角度：钟南山院士曾说，武汉本来就是一个英雄的城市。请回顾历史上在武汉发生的重大历史事件。2. 时间角度：回顾历史上发生于庚子年的重大历史事件。

活动二：古今中外历史上曾出现过多次疫情。1. 请搜集相关资料将表格补充完整。表格包括时间、疫情、地区、出现及扩散原因、影响、应对措施几项。2. 结合表格，归纳对抗击疫情的启示。

活动三：拓展探究，搜集史料，分析防疫的发展。老师提供参考性材料，包括唐朝长安和北宋开封的城市布局、《中国疫病史鉴》中的“历代南北地区疫病流行频数比较图”、詹奕嘉《“非典”十年：中国公共卫生大变局》中的摘录、2020 年 2 月 26 日《人民日报》的相关报道等。

三个活动设计旨在引导学生思考，历史上城市的布局、发展与瘟疫的关系，概括中国古代史上疫病流行的发展趋势，分析影响疫病流行的因素，感悟中国医疗体系的发展变化。我建议授课老师在以上活动的基础上，进一步通过真实问题的引领，引导学生在获取知识、提升技能的同时，树立正确的价值观。于是，授课老师继续给学生提供支架性路径和方法，让学生自己搜集资料，引发学生在疫情面前深入思考：如何从抗击新冠病毒疫情看中国奇迹、中国力量、中国速度？为什么说防控疫情是人民战争、总体战、阻击战？中国空军运-20 的首次非战争军事行动说明什么？抗击新冠病毒如何展现大国担当？等问题。

我想通过这些思考，让学生发现我国国家制度和国家治理体系在多方面的显著优势，理解此次人民战争作为总体战、阻击战的深意，防控疫情是全国动员、全民参战、全力求胜的人民战争，是全面动员、全面部署的总体战，是救治患者与遏制疫情蔓延相结合的阻击战。更让学生明白，今天是昨天历史的延续，是人类智慧的延续，明天是今天的未来，也是人类智慧的发展。

总之，历史教育的基本功能就是发现历史对现在的启发，发现历史对未来的指引，从历史中汲取人类的智慧，推动自身和社会更好地向前发展。而历史教育的魅力就在于给学生一双发现的眼睛，带着他们去走进历史又走出历史，跨越古今，寻找答案，去触摸和感知历史智慧，让学生明白，今天就是昨天历史的延续，也是人类智慧的延续，明天就是今天的未来，也是人类智慧的发展。

临高眺远，辨伪求真

李　静[①]

雅斯贝尔斯认为："教学应当使教育的文化功能和对灵魂的铸造功能融合起来。……教学活动中的读、写、算的学习并不(只)是技能的获得，而是以此参与精神生活。……以正确的方式传授知识和技能，其本身就已经是一种对整个人的精神教育。"很遗憾，自己在教学岗位上相当长的时间内都没有认真体会过这句话到底什么意思。

工作的最初几年，我随着师父走进课堂，然后在自己的课堂上模仿他的教学行为，直到有一天，我被推荐参加区里的教学比赛，抽到的题目是《资本主义政治制度在欧洲大陆的扩展》。按照我的备课习惯，我开始一头扎进西方政治史的学术专著及论文，对不太了解的内容进行快速充电，这些问题随着阅读的增多而逐渐解决，但繁多的内容也如枝蔓般把我的脑子挤得晕头转向。我打电话给师父抱怨这节课的东西太多了我不知道怎么处理。他耐心地听我把脑子里这一锅粥倒给他后先问了我一个问题："你觉得咱们讲法国和德国的政治制度和政治课讲法德制度有何不同?"当我回复我们讲历史，政治课讲当代后，他继续问我："法兰西第三共和国和德意志帝国都不存在了，让学生了解这两个国家的政治体制的历史有什么作用？难道就是为了比较不同的君主立宪制度和共和制吗?"经过一番交谈，他逐渐把我从知识和答题技术(如会比较)这个执念中拉出

① 作者简介：李静，北京市特级教师工作室项目2018级学员，工作于海淀区教师进修学校。

来，让我逐渐认识到世界政治文化多元并不是只停留在会比较它们的不同上，而且应该历史地理解为何会出现多元的面貌。在他的引导下，我梳理出从两国的历史和国情出发，理解两国政治制度的基本思路。只有看到法国君主派和共和派的长期斗争导致的政权频繁更迭，又看到在国会上“一票共和”的势均力敌，才能看清法兰西第三共和国宪法中两派的斗争与妥协，能够理解法国为何创立出与美国大不相同的共和制度；只有看到四分五裂的德意志期待统一，而只有不那么民主的普鲁士才最终完成统一实现众望，才能理解德意志帝国的宪法中为何最终呈现出二元制君主立宪制的特点。一切豁然开朗。我记得在课的最后我问了学生一个问题：“咱们学了这么多类型的政治制度，你们认为评判一个国家政治制度是否优秀的标准是什么?”很欣慰学生没有无脑地给我一个决断。他们告诉我，那得看这个制度是否符合这个国家的国情，是否能够让这个国家内部不同政治力量发挥最大的积极作用。

虽然过去了很多很多年，但是这节课让我印象深刻。教学前辈引导我认识到历史教学要有大的格局，而不是在细碎的、毫无联系的历史事件上，哪怕这些事件妙趣横生足以吸引听众。具体而言，研究要具体，眼界要开阔，通过具体而生动的史实的学习，看到它们之间的联系，并最终看到事件背后的规律性的认识，达到万物尽收眼底的开阔，这算不算学史使人明智呢?

历史教学的另外一个魅力是它教会学生求真的理念和思想。多年以来历史教学一直要求要培养学生“论从史出”的学科意识，它要求学生生成历史解释时需要有史料证据支持，同时还需要合乎逻辑的推断过程，这一点有了较好的教学实践。新课标明确提出了史料实证的学科素养，且增加了对史料价值进行判断的内容要求。对于增加的要求最初很多老师尚不理解，认为是增加负担，直到我们一起分析学生的一道题答案时大家才扭转了认识。

《普通高中历史课程标准(2017 年版)》中有一道典型试题，是关于"到底有没有公车上书"的问题，康有为自编年谱中言之凿凿自己就是公车上书的亲历者和领导者，而茅海建先生则通过对大量清档案的研究认为康有为并没有组织公车上书。真相如何，题目要求学生在判断史料价值的基础上对康有为是否领导公车上书做出自己的判断并说明理由。我们看到了学生令人大跌眼镜的答案。"公车上书是不存在的，因为茅海建是知名学者，他不会乱说话的。"(盲信权威)"公车上书存在，康有为也希望拒和，他组织了十八行省公车联名上书，所以他是送了。"(就是如此)"康有为联合十八行省公车上书，人数众多，若是康有为不送，此次行动的目的是什么？从二月二十七日起到四月二十一日，不到两个月，各种上奏的次数极多，在当时背景下官员肯定不想看那么多上书，所以我认为不是康有为不送，而是都察院在其中(搞的)的猫腻。""军机处作为清政府机关，当然是维护自己利益，其档案的真实性无从考证，可能其资料为了掩盖'不收'这个事件而抹黑康有为的。"(内有阴谋)学生的答案暴露出他们存在迷信权威，无证据地肯定或怀疑的问题。这源于以往老师们给孩子的史料都是真实可信的，然后在真实史料的基础上进行分析形成历史解释，而当学生面对说法不一的材料时，他们显然手足无措。然而，没有坚实可信的证据基础，即便逻辑再为严密，其最终的历史解释也立不住脚，更无从达到探求历史"真相"的目的。

在掌握全面和可靠史料的基础上分析史料，运用严谨的逻辑思考抽丝剥茧，最终形成历史解释的思维训练对学生非常重要。他们在历史学科的学习中将获得未来走入社会后分辨和处理每日扑面而来的纷杂信息的能力，而且更为重要的是，他们将发现历史解释并非是个一锤定音的决断，而是一个开放的视野。随着更多史料的发现或者新的研究视角，对于历史就会有新的认识。学生在求真的路上将会具有更加开放和包容的心态，积极发掘新的史料，聆听不同的见解并思考原因。

以上是简单的随笔感言，历史学科的魅力绝对不止这些。再回应文首雅斯贝尔斯的话，我想，对于一个教师来说，看到自己培养的孩子们能用大的视角和格局分析和认识社会发展，而且具备了理性和求真的灵魂，那种欣慰相信是无法言表的。

在“追问”的路上前行

展浩丽[①]

1998年高中毕业时，因在志愿填报中写了“服从分配”四个字，我有缘成为一名历史系学生，并顺理成章地当了一名中学历史老师。截至今年7月份，我就要在这个岗位上工作整满18年了。18年约相当于一个人寿命的1/4时长，所以这真是一个相当长的时间了。回顾这18年，我虽然只做了中学历史教育这一件事，但却从不敢懈怠，因为工作越久越发现历史史实是那样丰富，历史内涵是那样深邃，历史人物是那样鲜活，史实逻辑又是那么复杂，只有不停地去探寻，才能了解它、走进它。久而久之，“追问”成为我的备课路径与思维习惯，也潜移默化地影响了我的学生。

开始的追问源于我对史实的追问。初登讲台的几年里，网络资源并不像今天这么丰富，再加之自身检索水平有限，所以“中学教材＋教参＋大学教材”就几乎成为我当时备课所用的全部资料，备课过程基本是把教材认认真真读上几遍，在逐句分析文本厘清历史事件因果关系的基础上，画出知识结构框架。然而，由于中学历史教材对一些史实叙述比较简单，有些内容我也并不能准确地讲述出来，所以为了讲清楚这些史实，同时也为了用丰富的史实细节吸引学生，激发他们的学习兴趣，我不仅需要翻阅教参，有时还需要到大学教材中去寻找答案。这就是我在中学历史教育这条路上最初的追问。此时的追问虽囿于简单的史实，但它不仅扩充了我的知识

---

① 作者简介：展浩丽，北京市特级教师工作室项目2018级学员，工作于北京市顺义区仁和中学。

量，也使我发现了历史史实的细节之美。

其后的追问转向历史逻辑的追问。工作近10年时，在对中学历史教学的史实内容有了比较清晰的认识后，我开始逐渐感悟到：每一历史事件的发生都是有原因的，而且历史事件之间也是可以找到因果联系的，历史就是在这些因果逻辑关系中环环相扣、逐步推进的。于是在阅读和备课时我又有了一把思考的钥匙，它就是："为什么?""这件事为什么会发生?""为什么会在那个时候发生?""为什么会发生在那个地方?""为什么他(她)们会在历史潮流中脱颖而出?"……诸如此类的问题成为我备课时的首要思考，不仅引领我去探寻史实背后的逻辑，也逐渐成为我日常阅读的思维习惯。这种对历史逻辑的追问，使我获得更广阔历史视角的同时，也使我在史实细节之后感受到了历史逻辑思维的严谨。

现在的追问步入对内容价值的追问。"为什么要学历史?""学历史有什么用?"这个历史教育的原问题，不仅很多孩子向老师提出过，很多历史教师也同样反问过自己，我自然也不例外。在过去那些年里，我对这一问题的回答要么是从功利的角度看学历史与考试的关系；要么是从学识的角度谈学历史与谈吐的关系；要么干脆拽过来一个历史事件告诉学生："你看，这件事意义多么多么重大!"解答过后，问题即被束之高阁，直到下次再有同学问起，或者我再想起。随着阅历的增加及专家、名师培训的引领，近年我逐渐认识到：在中学阶段，学历史的意义不应是一个空洞的答案，更不能与学生的生活相剥离。相反它应该是生发于每一个学习内容中，并能触及学生心灵的感悟。于是，备课时我开始跳出教材思考：课标为什么要设置这一学习内容呢？除知识外，学生还应获得哪些认识和体验呢？为了寻找答案，我有了更广泛的阅读。这些指向学习内容价值的思考、追问与解答过程，使我更深切体会到：义务教育历史课程标准每一项学习内容都是精心选择的，它们是实现历史学科育人价值的重要载体，只有找准每一项学习内容的最佳育人点，才能使历史课堂更灵动、更高效。

如上，中学历史教育的从教路上总是有未知的内容吸引我去追问，就这样一路“追问”，一路坚守，一路前行。与此同时我还通过问题设计等方式将自己追问、思考的过程呈现在课堂上，引领学生学着去追问、去思考。

在学习清朝加强对西藏地区的管辖时，我发现清朝册封达赖和班禅的举措之间是有逻辑关系的，但教材并未叙述，于是我先让学生阅读教材，以表格的形式梳理顺治、康熙、雍正、乾隆采取的措施，然后在教材逻辑断裂处设问：顺治为什么要册封达赖？并追问：既已册封达赖，康熙帝为什么还要册封班禅？以此类推，雍正设置驻藏大臣、乾隆颁行金瓶掣签制的原因又是什么？这样的处理使学生不仅了解了当时复杂的社会历史背景，也感受到了统治者“顺俗而治”的管理智慧。

又如，在学习拿破仑帝国时，在了解了其创立的一般背景后，我追问：从1789年法国大革命爆发之日起，法国就处于不断的军事斗争中，催生了一大批军事人才；受大革命的洗礼，很多人也接受了自由、平等的思想，但是法国社会为什么偏偏选择了拿破仑呢？通过在关键人物处的追问，引导学生认识历史关键人物的个人经历及品质在历史发展中的重要作用。

再如，在学习美国内战时，我认为这一学习内容的价值不仅是帮助学生认识统一对国家发展的重要意义，同时也是塑造学生法理精神的重要素材。于是在教学中，我特别在《解放黑人奴隶宣言》处设问：为什么宣言内容特别强调要“废除叛乱诸州”的奴隶制？学生普遍认为是为了防止未叛乱诸州加入叛乱，以缩小对立面，减轻北方军事压力。接着我援引《1787年宪法》追问：南方奴隶制的存在是得到宪法许可的，总统是否有权力废除？在学生得到否定的结论后，我接着出示宪法中赋予总统的权力，再次追问：你认为为什么林肯在此时宣布废除叛乱诸州的奴隶制？学生通过宪法内容结合战况认识到：宪法规定总统为合众国总司令，拥有战争权，出于战争的需要在此时废除叛乱诸州的奴隶制是合法的。通过援引宪法设计的追问，学生感悟到了：在现代社会中即使贵为总统也要遵从宪法的法理精神。潜移默化下，学生慢慢有了问题意识。在本次新冠疫情线上辅导期间，就有同学提出：除“非典”外，历史上还有没有发生过类似的疫情呢？那时的人们是如何处置疫情的呢？欣喜于他们的思考的同时，我也鼓励他们自己去发现、去寻找答案，并专门开设了一节线上交流课。在交流过程中，有同学搜集资料说明西汉以前人们就有了对抗瘟疫的基本措施：保持个人及居所卫生；隔离治疗。还有同学向大家介绍了1910年伍连德处置鼠疫的系统措施：解剖病例，找病原；焚烧尸体，防传播；推广口罩，防传染；交通管制，防扩散等。在介绍过程中，同学们发现这些措施在今天对抗新冠疫情中仍在发挥重要作用，还就此谈到对今天防控措施的理解等。他们解答的内容虽然有的还不很严谨，寻求答案的方法也还比较单一，但值得欣慰的是他们已经在思考的路上。

就这样，追问不仅成为我的一种思考习惯，也成为我的一种教学风格。毫无疑问，这都是历史教育带给我的。在追问中我感受到了历史史实细节之美，历史逻辑思维之严谨，历史内容育人价值之重要。它助我成长的同时又让我把这种探究带给我的学生，助我的学生学会思考。我相信在往后的历史教育生涯中，一定还会有新的内容引发我去追问，就这样一路追问，一路前行，甘之如饴！我想这是历史教育对于我的魅力吧！

在历史学习中走向“纵深”

臧家富[①]

财经作家吴晓波在《激荡十年，水大鱼大》一书的序言中引用了德国学者的一句话：“除非经由记忆之路，人不能抵达纵深。”[②]没有读过原作者的著作，我不确定作者这句话真正要表达的是什么，但是这句话却在“论历史教育的魅力”这个话题上给了我一些启发。我觉得“纵深”这个词很好，或许，历史教育的魅力就是带领着学生走向“纵深”吧。那么这个“纵深”是什么呢？我想借着自己在教学中的一些感受，做个粗浅的说明。

一、“纵深”首先是走向历史的深处

有学生曾给我发来她在龙应台的《目送》中读到的一段话：“曾经相信过历史，后来知道，原来历史的一半是编造的。前朝史永远是后朝人在写，后朝人永远在否定前朝，他的后朝又来否定他，但是负负不一定得正，只是累积渐进的扭曲变形移位，使真相永远掩盖，无法复原。说‘不容青史成灰’，表达的正是，不错，青史往往是要成灰的。”在这段话的下面，这位学生提出了她的一个困惑：“老师，咱们学的历史多少是真的呀？”面对学生的这个困惑我陷入了深思。一段带有强烈个人情感的文学表达让学生对学过的历史产生了怀疑，作为一名历史老师，我要捍卫我的学科尊严，我必须认真地正面地回答她，不能让一位还不知道历史学是什么的学生因此

① 作者简介：臧家富，北京市特级教师工作室项目2018级学员，工作于北京市第九中学。

② 吴晓波：《激荡十年，水大鱼大》，北京：中信出版社，2019年，序言。

陷入历史虚无主义，于是我这样回复她："求真求实是历史学追求的崇高目标，这是一件艰难的工作，但是严谨的专业历史研究者一直在为此努力。不可否认有很多历史记述无意或刻意地歪曲了历史，而这恰恰赋予了历史研究的历史使命：还人们一段尽可能接近真实的历史。有多少是真实的我不知道，但肯定有真实的，只是需要我们去寻找。怀疑是必要的，但是不能让历史虚无主义阻滞了我们思考和探求。"

的确，青史往往成灰，但毕竟还有灰在，而就是这一点点灰烬可以让我们多少能窥见一点历史的原貌，至少给了我们一个窥见一点历史原貌的可能。傅斯年就曾说："古史者，劫灰中之烬余也。据此烬余，若干轮廓有时可以推知，然其不可知者亦多矣。……今日固当据可知者尽力推至逻辑所容许之极度，然若以或然为必然，则自陷矣。"[①]傅斯年的这段话强调一种历史研究的科学态度，即历史研究不能以"或然"为"必然"，也就是说下结论要谨慎，孤证不立，一个历史结论的得出需要多重证据。我也看到了一种历史研究的执着精神。"当据可知者尽力推至逻辑所容许之极度"，历史研究就是要利用仅有的一点资料去做合理的假设和猜想，再去寻找更多史料去还原历史的面貌。历史的过去性，历史认识的间接性，带来的是永无止境的探究，人们在历史认识的过程中，不断地去追求真相，追求真理。

首都师范大学杨朝晖教授在上课时曾对我们说，中学历史教育主要不在专业的历史学术研究，更多的是利用历史学家的研究成果帮助学生理解历史并形成一定的历史认识。这话很实在，也很实际，中学历史教育主要不是培养专业的历史研究者，更多的是一种启蒙，秉持着史学家的精神，带领学生借着史学家为我搭好的梯子一步步地去追求、逼近历史的真实，走向历史的深处。

---

① 傅斯年：《性命古训辩证》，转引自陈力：《中国古代雕版印刷术起源新论》，《中国图书馆学报》，2016年第2期，第4—17页。

走向历史的深处，我们需要关注历史的细微之处，但是细看历史不是要把我们的视野越变越窄，而是要从微观走向宏大。陈旭麓说："许多历史的是非是隐藏在历史的深处的，只有透过某些历史细节的表象，才能把握历史迈进的步伐和节奏。"[①]在中国近代史的学习中，半殖民地社会的形成是一个基本问题，而理解这个问题的基本史实就是不平等条约，当学生们把几个主要的不平等条约做对比记忆的时候，就很容易地发现了一个问题：从《南京条约》到《马关条约》的几个都有割地、赔款、开口岸的条款，但是到了《辛丑条约》有赔款，却无割地和开口岸，这是为什么？学生产生了疑惑，曾试着自己去理解：这个时期开放的通商口岸已经足够多了，所以开口岸已经不需要了？显然不是这样。这是一个历史的小细节，但却是一个能够看出大历史的小细节，它反映出了西方列强侵华意图的不同，反映出了国内外时局的不同，更反映了中国近代半殖民地社会程度的不同。对此陈旭麓曾分析说："庚子和辛丑之交是一个阶段的结束和另一个阶段的开始。半殖民地在这里表现为半殖民制度的确立。"《辛丑条约》表现出来的是列强已不只是单纯的攫取利益，而是要想方设法从政治的、军事的，乃至心理的层面去维护已有的权益。

历史问题千头万绪，错综复杂，学生在学习的过程中总会产生一些疑问，而帮助学生解决这些疑问，往历史的"纵深"再进一步，就是我们历史教育的价值所在。也许很多情况下我们看到的仍然只是历史的"或然"而不是历史的"必然"，但在发现问题并努力去解决问题的过程中，我们正在走向历史的深处是无疑的，而这种认识的深化所带来的获得感多少能让我们感受到一点历史教育的魅力。

二、"纵深"可以是走入思维的深处

当我们谈论"走向历史的深处"的时候，其实已经涉及了另一个

① 陈旭麓：《近代中国社会的新陈代谢》，北京：生活·读书·新知三联书店，2019年，第235页。

问题，即思维的问题。我们在“走向历史的深处”的同时，也在“走入思维的深处”。《普通高中历史课程标准(2017年版)》提出历史学科的核心素养之一是“历史解释”，因为“所有的历史叙述在本质上都是对历史的解释”[①]。“历史解释”是一种理性分析和客观评判历史事物的态度、能力与方法，怎样解释历史，这就是思维的问题。

在讲“贞观盛世”的时候，我想到了古代蒙学经典《声律启蒙》里的两句话：“却马汉文思罢献，吞蝗唐太冀移灾。”这里面提到了两个典故：汉文帝拒收地方官向他进献的千里马，不希望形成下级向上级送礼的不良风气；唐太宗痛心蝗灾给人们带来的苦难，竟抓了一个蝗虫吃进肚子里，说是要让自己承担百姓的苦难。“太宗吞蝗虫”的典故是载于正史的(《贞观政要·卷八·务农》)，我上课时把这个材料提供给学生，看学生是如何认识这段材料的。有的学生就会直接把它们作为唐太宗民本思想的一个例证，如果用在文学叙事上，就像《声律启蒙》那样，这样的认识是没有问题的，然而从历史学科角度来说这样的处理显然是草率的，因为少了一个历史思维的过程。怎样才算有一个历史思维的过程呢？比如有些学生会有疑问，就像曾经问过我“历史有多少是真实的”的那个学生一样，他们会想这是真实的历史吗？有的学生则会联想古代中央集权制的史实，进一步想到这样的记叙是否有美化当政者之嫌？还有大多数学生可能想不到的，对这种历史的记述是否还有更深层的理解，比如是否隐含着以儒家观念劝诫后人之意？或者还有更多其他的问题。这种种问题反映出认识的差异，而认识上的差异反映的是思维层次的差别，这些对历史问题的层层思考就把我们带入了思维的深处。

在讲古代农业一课时，我曾经借用《论语·颜渊》中孔子和子贡的一段对话来导入新课：“子贡问政。子曰：‘足食，足兵，民信之矣。’子贡曰：‘必不得已而去，于斯三者何先？’”我把子贡问题抛给

① 《普通高中历史课程标准(2017年版)》，北京：人民教育出版社，2017年。

学生，他们的回答是“去兵”，与孔子的回答一样。子贡接着追问：“必不得已而去，于斯二者何先?”我继续让学生去回答，这时分歧出现，一些同学低声地说：“去食”；另一些学生则高声说：去“民信之”。有分歧就会产生碰撞，有碰撞也就有了思维的火花。“去食”主张有道理，认识到了人民的信任对于一个政权稳定的重要性。然而选择这样回答的学生未必就是自己真实的想法，很可能根据自己对孔子的理解觉得他会这样回答(孔子：“去食。自古皆有死，民无信不立。”)。而回答“去‘民信之’”的学生为什么如此选择呢？有学生说：“没有粮食，人们都吃不饱，怎么信任，民以食为天呀。”这个回答值得肯定，它说明学生认识到了物质基础的重要性，认识到粮食和农业生产的重要性，有了这样的认识，我顺势导入新课。如此设计，我是想拉近学生与历史的距离，给学生一个历史的情景，以便激发学生的思维和讨论热情，当然更重要的是在这个问题的回答中，我看到了学生思考历史时的思辨性和逻辑性。

思维能力可以说是一个人学习的基本能力，要想学好任何一科都需要有积极的思维习惯和良好的思维品质。反过来，每一科也都从不同的侧面培养学生的思维能力。在历史课堂教学中能否通过激活学生的思维来活跃课堂气氛，这是教师们非常关注而且一直在不断思考和探索的课题，而其中思维的逻辑性和思辨性更是关注的重点和努力的方向，只有逻辑性强的思维才能条理清晰地梳理历史问题，只有思辨性强的思维才能全面深刻地理解历史问题。而当学生在历史学习中逐渐走入思维深处的时候，我们也感受到了历史教育的魅力。

三、“纵深”还应是走进情感的深处

尽管走入“历史的深处”和“思维的深处”会让我们感受到历史教育的魅力，我们会时常感到困惑，因为“历史的深处”常常难以到达，而“思维的深处”也总是灵光一现，因此怀抱理想主义的历史教育工作者有时希冀在历史教学中发掘一种超越时空的永恒价值，追求一种触动内心情感的东西。一位学生在许多年以后如果还能记着某节历史课，可能不是因为课上的一个生动的历史故事，而是因为某种能引起情感共鸣的东西，所以我想"走进情感的深处"也应该是历史教育的魅力所在。

在讲文艺复兴中的莎士比亚时，高中历史教材曾引用《哈姆雷特》中的一句话：人是"宇宙的精华，万物的灵长"，以此来说明文艺复兴时期"肯定人的价值和树立人的尊严"这样一种人文思想。但是我在讲到这里的时候，给学生提了一个问题：哈姆雷特这句话真的是在"赞扬"人吗？且来看这句话的上下文："人类是一件多么了不得的杰作！多么高贵的理性！多么伟大的力量！多么优美的仪表！多么文雅的举动！在行为上多么像一个天使！在智慧上多么像一个天神！宇宙的精华！万物的灵长！可是在我看来，这一个泥土塑成的生命算得了什么？"看完整段话后我们能够感觉到，前面那么多对人的崇高和伟大的赞叹，只是为了"欲抑先扬"，最后一句反问才是重点，哈姆雷特真正想表达的是对人的价值的反省和怀疑，正如论者所言："近代人的主观反省和自我怀疑构成了哈姆雷特行为的基础"。这才是莎士比亚所代表的人文精神，它已经不再是薄伽丘《十日谈》那个时代简单的人性解放了，而是更进一步进入到对人性复杂性的剖析和内心世界的深入挖掘的层次，比较而言，《哈姆雷特》中"生存还是毁灭"这段大家熟知的话更能反映这一点。其实，何止哈姆雷特内心纠结，"to be or not to be "恐怕是古今人共有的一种心理状态，莎士比亚捕捉到了人的这些心理特征，反映出人对人自己的认识更加深刻而全面。有学生曾经在朋友圈里写过一句话，"人生就是从 B(birth)到 D(death)的过程，中间是个 C(choices)"，看到学生写这句话，我想十六七岁的他们已经有足够的人生体验去理解莎士比亚作品中的人文精神。

认识历史或者理解历史有时需要一定的人生经验，对于思想史上的一些问题更是如此，反过来，历史学习中所获得的一些认识又可以帮我们很好地理解人生。在西方人文主义复兴和发展的时候，中国又何尝没有这样的例子。比莎士比亚早一些的王阳明提出的“致良知”就代表着那个时代中国的人文精神，他常把“良知”比作明月，“吾心自有光明月，千古团圆永无缺”，这同样是一种自我的认知与反省，但不是怀疑而是自我的激励。我想这是能够触动学生情感的东西，也是能给学生带来积极影响的东西。西方人文主义思想家罗素认为，历史学能“开阔我们的想象世界，使我们在思想上和感情上成为一个更大的宇宙的公民，而不仅仅是一个日常生活的公民而已。它以这种方式，不仅有助于知识，而且有助于智慧。”[①]或许这是历史教育的更高境界，也是历史教育的更大魅力。

最后，“纵深”就是这些吗？当然不是。

当我完成这篇文章的时候，仍是新冠肺炎肆虐的时期，我们每天看到的听到的很多还是关于战“疫”的新闻，忧心与振奋，痛心与感动，情感的波澜也随着所闻所见而起伏，历史上我们不知道有多少次在民族危难之际感受到了那种“苟利国家生死以，岂因祸福避趋之”的家国情怀，但是今天在那些抗疫的“逆行者”们身上，在那些奋战在最前线的白衣天使们身上，我们感受得更真切、更深刻。这场战“疫”必将会载入史册，多少年之后会成为我们历史研究和学习的对象，那时我们在走向历史的“纵深”时，会看到苦难与磨难，也会看到真情和温情，而在苦难与磨难中这些真情和温情给我们的感动，也将彰显历史教育的魅力。总之，“纵深”的内涵极为丰富，历史教育的魅力也是多面的，只是需要我们一起去挖掘、体验，不断地走向更深更广的“纵深”。

① 何兆武．苇草集[M]．北京：生活·读书·新知三联书店，1999年，第242页。

第四章

交融与张力

智慧莫大于知来，来何以能知？据往事以为推而已矣。

——夏曾佑

从历史到历史教育的领悟

周　颖[①]

当你翻开一本史书，你会被文字中所描绘的历史长河中那些我们未曾经历过的世界所吸引，你不曾想过，在你我来到这个世界之前，它已经是如此精彩绝伦；当你面对一幅古画，画中描绘的那些生动的场景和人物，一切都让人觉得惊奇，我们就像在欣赏另一个世界的美好，却不敢想那是真实存在过的东西，只是离我们已经非常遥远；当你听着老人讲述过去发生的故事，听他们说着在你脚下的这片土地上曾经发生的一切，你是否也会在心中荡起涟漪，想要去了解去探索那些被时间所掩盖的波澜壮阔……历史是什么？是过去的一切，是真实存在的点点滴滴，是如宇宙般浩渺博大的世界，是无数的人都想要拼尽全力去探索、去寻找的那些神秘的过往。历史是博大而浩渺的，而历史的魅力不仅仅是历史的本身，更多的是我们探索历史的过程，是人们在探索历史的过程中所获得的心灵感悟与认知，是获得感悟和认知后自我的无限成长。正是因为历史本身的精彩，使得历史教育有了非常广阔的背景，可以发挥更大的价值。

历史是充满吸引力的。但引导人们真正去认知历史、读懂历史的历史教育，则更充满着魅力和神奇。何谓“历史教育”？历史教育的本质就是通过历史而对人产生独特影响的过程。当历史与教育结合，碰撞出思想与情感的火花，让历史不仅仅只是我们内心中那些遥远的过去和不可触碰的世界，让教育也不再只是干瘪的理论和说

① 作者简介：周颖，首都师范大学教育学院2018级教育硕士，现工作于山东省德州市第一中学。

教，它让历史能够说话，让教育变得丰富。

历史教育之于历史教师而言是一生的收获。首先，因为历史学科的特性，作为历史教师想要教好历史便不能停止前进的脚步，要不断涉猎群书，博览众家，也要时刻紧跟时代前进的步伐。而在这个过程中，它会使得历史教师的眼界不断开阔，处世心态也更加的平和，在冥冥中得到无限提升。再者，学史使人明智，而作为历史教育者，历史教师对于历史的认知是深层次的，他们更能透过历史看清现实，在一切得失面前，能够保持一颗清醒的头脑，宠辱不惊，淡然处之，不会因烦琐的世事而困于心，能够更加“温柔”地面对生活。最后，对于历史教师而言，历史教育最大的魅力还是在于他们对历史教学的探索过程之中。在听过许多的历史课后，感受最深的莫过于北京四中的赵利剑老师的《明治维新》一课。赵老师用日本国歌导入，用日本宪法串联起一节课，又引导着学生理性地认知日本。整个过程中，不仅学生被赵老师深深吸引，每一个听课的老师都安安静静地随着赵老师思考。当时震撼于这样一节课的成功是要经过多少的积累才能成就的！而更大的震撼则是课后老师们对于这节课的探讨。老师们对这节课进行分析，从各个细节探讨，老师之间还会针对相同的一个点产生不同的见解，从学情到材料再到教学手段，每个人都有着自己的想法。当我看到这样一个场面时，第一次深刻感受到了历史教学的魅力所在，也让我看到了历史老师身上的那种崇高的职业精神。

历史教育之于学生而言，就像是引导学生认知发展的一只无形的手。这让我想起了赵利剑老师在《历史：一堂人文课》中的一句话：“而此时青年学生的思想就像一块‘橡皮泥’，它被‘捏’成什么形状，则在很大程度上取决于谁在‘捏’它。”[①]历史是不容忘记的，历史教育贯穿每个学生的整个学习生涯，而其中对他们影响最大的

① 赵利剑：《历史：一堂人文课》，北京：教育科学出版社，2012 年，第 19 页。

就是在中学时期。这个时候的学生正处于性格形成的关键时期，教育在这个时期的作用也尤为重要。而历史教育在这个时期能够发挥怎样的价值呢？学习历史让学生了解人类的过去，认知自己，让他们知道自己从哪里来，又会向哪里去，可以在复杂的社会中找到自己心灵的归处，不会在大千世界中迷失自己。学习历史，亦可以让学生认识自己的祖国，能够为中华上下五千年的历史而震撼，为中华民族的奋斗而骄傲。历史教育使得爱国不再只是空洞的说辞和理论上的空话，而是让学生真真切切地认识自己的祖国和民族，从内心里对祖国有认同感，从而热爱祖国，热爱自己的民族。历史教给学生的不仅仅是知识，还有精神，在冥冥之中传递着正确的人生态度和价值观以及对社会的认知。它会让学生在内心中有一把善恶评价的标尺，会让他们知道什么是好什么是坏，什么该做什么不该做，引导着他们去做一个对社会对国家有益之人。

历史教育的价值，说大了，是对国家、社会的发展起着积极作用；说小了，是对个人的成长和引导产生重要影响。之于国家、社会，历史教育使人有心灵的归宿、有国与家的认同、有民族的自豪与热爱。之于个人，历史教育使人有宽广的胸襟和开阔的眼界，有达观的心态和理性的思考，“不乱于心，不困于情，不畏将来，不念过往。”①

对于历史的热爱吸引着我一步一步走到今天，让我越发感受到历史的博大精深和奇妙无穷，让我想要继续探索下去；而教育对于人内在的创造亦激励着我将从教之路坚持到底，期待着自己可以用毕生努力做一名合格的教师。我不优秀，亦不伟大，我只是想如所有在历史教育这条路上探索践行的前辈一样，永远用一颗赤子之心，坚守着对这项事业的热爱。

① 魏邦良：《不宠无惊过一生：李叔同与丰子恺》，上海：复旦大学出版社，2017年，第56页。

在对话与对话中看见

常语馨[①]

提及历史教育的魅力，我首先想到的是，人似乎生来就对过去有着浓厚的兴趣，从想要弄明白自己从何而来，对自己家族进行探寻、追根溯源的愿望，再到跳脱出个人、对未曾经历的千百年过往的好奇，这是一种人类本能的对世间万物的惊奇，而“历史”则是回应我们这一切疑问的答案所在。

那么首先就要搞明白一件事，历史是什么?《说文解字》说：“史，记事者也；从又持中，中，正也。”便指出“史”的本意即记事者，也就是“史官”。由此引申，则代表被史官记录的事，换句话说，即所有被文字记录的过去事情。其中值得注意的一点是，我们可以把史解读为“被文字记录的过去事情”，而不能说是“过去发生的事情”。因为当一个事件发生过了，这段历史就永远也不会再被真实还原，也就是说，无人知晓真正的历史事实。而我们在史书中读到的历史事实实际是渗透了历史学家带有前见的解释因素的事实。既然历史不是过去事实的百分之百真实的重现，那么历史究竟是什么?历史作为一门社会科学，研究对象是人、人的行为，它的主体与客体属于同一范畴，并且彼此之间互为作用且不断发生变化。E. H. 卡尔在其著作中说过：“历史是历史学家与历史事实之间连续不断的、互为作用的过程，就是现在与过去之间永无止境的

---

① 作者简介：常语馨，首都师范大学教育学院2015级教育硕士，现工作于北京四中房山分校。

对话。”[①]

而教育本质也是一场对话性的活动。教育家雅斯贝尔斯说过：“教育，是人对人的主体间的灵肉交流活动，包括知识内容的传授、生命内涵的领悟、意志行为的规范。”[②]在历史教育中，教师与学生分别作为独立的个体，各自带着由个人经验形成的历史理解在课堂上对史学家的历史解释展开思维上的碰撞。由此可见，历史教育可以说是在对话之中进行对话式的认识活动，历史教师在尽可能掌握史料的基础上，通过创设情境在学生与历史事实之间构建起对话，这正是历史教育的魅力所在。

历史的乐趣往往不在于追求到一个固定答案，即“是什么”，而是探究“为什么是这样”的思维过程。这一思维过程的呈现势必伴随着在不同历史理解碰撞之间形成的历史解释，也就是教育中师生之间的对话。在对话中学生才会感受到，历史是必然性与偶然性的结合，每一个历史事件都是众多因素的某种交会导致其发生的；每个历史人物亦不同于过往留给人们的既定形象，进而体会到人性的复杂与多面。在对话之中，历史中的人、事物将会自然而然地丰富生动起来。

这里我以八年级(上)第十课“中华民国的创建”的一个教学片段为例加以说明。在教学中我先通过历史地图、文字材料等呈现出民国初年出现边疆分裂势力的政治局面，接着出示下列材料并提问：“面对当时的中国局势，各方势力都保持怎样的态度呢？各方势力的态度中是否存有共识？”

汉族与满、蒙、回、藏人民相见于诚，以成一中华民族之新主义。

如清帝退位，宣布共和，则临时政府决不食言，文即可正式宣布解职，以功以能，首推袁氏。

——孙中山(摘自《辛亥革命史资料选》)

① E. H. 卡尔：《历史是什么》，北京：商务印书馆，2017年，第115页。

② 雅斯贝尔斯：《什么是教育》，北京：生活·读书·新知三联书店，1991年，第3页。

如果一旦灭除了清政府，中国必然发生内乱，而内乱发生，又必须引起列强干涉甚至瓜分。中国的唯一出路就在于君主立宪。

——1911 年 11 月 21 日袁世凯答《泰晤士报》驻北京记者

特率皇帝，将统治权公诸全国，定为共和立宪国体……当兹新旧代谢之际，宜有南北统一之方，即由袁世凯以全权组织临时共和政府……仍合汉、满、蒙、回、藏五族完全领土为一大中华民国。

——1912 年 2 月 12 日《清帝退位诏书》

出示的材料代表了当时主要的三方政治势力：孙中山、袁世凯、清朝皇帝，需要学生阅读并分析材料，从而对每则材料主旨进行整合归纳。在学生回答问题时，对于孙中山和清帝的材料理解都是比较到位的，但是在对“袁世凯答《泰晤士报》驻北京记者”的这段话进行解读时，很多同学无法跳脱对袁世凯的既定印象，将这段话理解为袁世凯想要复辟帝制。

在这里我作为历史教师对学生提出问题：“在材料中我们看到袁世凯希望保留清帝吗?”

学生回答：“是的，想要保留。”

我继续追问道：“他为什么想要保留清帝和清政府呢?”

学生再一次阅读材料后得出结论：“因为灭除清政府的话会发生内乱(边疆分裂势力)，内乱又会进一步导致外国势力的干扰，危害到国家的主权和安全”。

“那么，现在我们再看三方势力的态度，你认为它们之间存在共识吗？这个共识是什么?”

学生答道：“他们虽然政治立场不尽相同，但是都希望保持国家领土的完整与主权的统一，维护统一多民族国家形态。”

在这一教学片段中产生了师生之间的对话，甚至包括学生与历史事实、历史人物的对话。在教师的不断追问下，学生在一次又一次解读史料的过程中，试图抛开对历史人物固有的理解，而是站在当时的历史情境下去思考他的言行背后蕴含的意味。在这样一个发生了多重对话的历史教育场景中，学生对历史的认识无形之中就出现了转变。他能试着突破时空的限制回到20世纪初年的时代背景中去思索人物的思索，从而看见了一个同样怀抱着“国家统一、民族共和”愿望的袁世凯。

通过对话营造出的沉浸式学习体验，让学生对历史的学习和认识从平面走向立体。而看到的历史越立体，就越有利于回应学生本能的对过去产生的兴趣与疑问。这便是历史这门学科天然而成的吸引人之处，也是历史教育的魅力所在。

历史教育的“浪漫主义”

王子豪[①]

相信每个学历史的人都曾上过一门理论课，叫作史学概论。在课上，相信每个人都听说过一位前辈的名字，他叫作克罗齐。他有一句经典的话语广为流传：“一切历史都是当代史。”这句话，一方面，给了那些沉浸在浩瀚书籍中或奋斗在考古一线的学者们当头一棒——难道历史学的本质不是还原历史真相吗？另一方面，也给了许多人思考的空间——历史，可借助思考与想象来呈现。那么，历史到底是客观的，还是主观的？历史能否真正地被还原？或许，历史的扑朔迷离曾使许多人迷茫。但是否正是历史的扑朔迷离，才给历史赋予了一种迷人的魅力，深深地吸引着人们去想象、去思考，甚至是去挖掘和探索呢？

我认为，一名历史教师在给学生讲述历史时，是会带着自己对历史的思考和理解的。在这过程中，其实是给历史赋予了一层浪漫主义的色彩。浪漫主义，即在反映客观现实上侧重从主观内心世界出发，抒发对理想世界的热烈追求。法国诗人夏尔·皮埃尔·波德莱尔认为：浪漫主义既不是随兴的取材，也不是强调完全的精确，而是位于两者的中间点，随着感觉而走。而2011年版《义务教育历史课程标准》指出，学生通过历史课程的学习，初步学会从历史的角度观察和思考社会与人生，从历史中汲取智慧，逐步树立正确的世界观、人生观和价值观，提高综合素质，得到全面发展。因此我

① 作者简介：王子豪，首都师范大学2014级本科生。现工作于北京市第一六一中学回龙观学校。

认为，浪漫主义在一定程度上其实和历史教育有相似之处。或者说，历史教育也存在着“浪漫主义”的色彩——历史教师的职责，是在尽量还原历史的基础上，结合自己对历史的理解、思考和解读，帮助学生树立正确、健康的三观，从而为心中的理想，为社会和国家的发展做贡献。

例如在七年级上册这本书中，秦汉之际的楚汉之争是学生非常感兴趣的历史之一。当讲到项羽最终乌江自刎，兵败自杀之时，学生无不叹息其悲惨的结局，认为他万人敌的英雄气概，与美人虞姬可歌可泣的爱情，才是一个有血有肉的人。但学生往往忽略项羽也有着很多的“缺点”，如残暴、妇人之仁、失人心等。而只有将项羽这样一个历史的人物放在那样一个历史时期，去客观地讲述，才能更好地去认识他。因此，在课堂上，我经常给学生讲述我的观点：或许，我们心中都有一个英雄的项羽——巨鹿之战九战九胜，大胜秦军；彭城之战精兵三万大破汉军五十六万。他仿佛一身是胆，无所畏惧，带领我们勇往直前。这种勇气与豪气值得我们学习。但我们也应当从他的经历去吸取历史的教训——“失人心者失天下”。什么是人心？人心就是众人之心。体现在臣，就是臣心；体现在军，就是军心；体现在民，就是民心，民心是最大的人心。人心可察可用，人心多变如水，人心可以载舟，也可以覆舟。泛舟掌舵的人，熟悉水性则顺水乘风，往往事半功倍，不察水性则逆流顶风，难逃折楫覆舟。领军治国的人，体察人心则能定国安邦，不察人心难逃国破家亡。假如你是当时的秦朝人，你会不会恨项羽？假如你是拥戴怀王的楚国旧臣，你会不会恨项羽？假如你是一个接受他重新分封的诸侯，你会不会恨项羽？而项羽的悲剧，早在他的所作所为中，埋下了失败的种子。而作为历史的后来者，“失人心者失天下”不可不警惕深思。我认为，这种历史教学中的“浪漫主义”，会让学生既收获历史，也收获思考和感悟，从而获得成长。

《旧唐书·魏征传》：“夫以铜为镜，可以正衣冠；以古为镜，可以知兴替；以人为镜，可以明得失。”[①]纵观古今，历史交替，多少的朝代、国家在时间的长河中崛起、衰落，又有多少人的人生使人羡慕甚至唏嘘。司马迁在《报任少卿书》中曾道：“仆窃不逊，近自托于无能之辞，网罗天下放失旧闻，略考其行事，综其终始，稽其成败兴坏之纪……亦欲以究天人之际，通古今之变，成一家之言。”[②]司马迁治史的一个出发点便是探究自然现象和人类社会之间的关系，贯穿古往今来变化的脉络。既然探究古往今来变化之脉络，那么我们通过历史现象探析本质，也就能够得出许多道理：得道者多助，失道者寡助；得民心者得天下，得君子之心者得诸侯，得诸侯之心者得士大夫……这些言语、著作，离不开作者的思想。作者的思想，离不开其所身处的历史环境。因此，当我们讲述一个人、一段历史，一个重要的方法便是要将所认识的史事置于具体的时空条件下进行考察，即时空观念。当我们看这一段段峥嵘岁月，有悲有喜，谁主浮沉。总有些人会失败，但也总有人会成功。那些成功的，他们的亲身经历、他们的品格，那些亮光点，有许多值得我们学习；那些失败的，他们的过往，他们的教训，也警醒着世人。历史是严肃的，也是残酷的，蕴含着许多真理，呈现在人们面前。而我们所做的，便是进行历史叙述，对过去进行解释，即历史解释，将历史的深刻性、教育意义传授给孩子，让孩子学习人生哲学，通过教书的过程，达到育人的目的。因此我认为，历史教育的“浪漫主义”在很大程度上就是通过教师的教，把历史的魅力展现出来。这就需要教师在备课过程中注意课程的设计、史料的运用、讲课的逻辑。

傅斯年先生说过：“历史本是一个破罐子，缺边掉底，折把残嘴，果真由我们一整齐了，便有主观的分数加进了。”[③]历史教育在

① 刘昫：《旧唐书》，北京：中华书局，1975年，第2561页。

② 班固：《汉书》，北京：中华书局，1962年，第2735页。

③ 傅斯年：《评丁文江历史人物与地理的关系》，《中山大学语言历史研究所周刊》，1集10期，1928年，第223页。

尊重历史的基础上，难免会有主观性，即“浪漫主义”。而正是这种“浪漫主义”，才能将学生置身于生动的历史环境中，感悟历史的魅力，获得历史的教育。这便是我对历史教学中“浪漫主义”的思考。

严谨与趣味的统一

王　珲[①]

对于某个民族而言，历史是民族同胞所共同拥有的宝贵财产，也是他们拥有的共同记忆。在历史的长河中，不论是其恢宏强盛的发展阶段，还是其黑暗闭锁的沉沦时期，历史记忆属于民族这一政治共同体内部的每一个体。因而，吸取前人治乱兴衰的历史经验，进而在当下的发展阶段取其精华，去其糟粕，是学习历史的重要目的之一。而历史终究是过往，人们的历史记忆也不能凭空产生，需要一个传承，因而历史教育便扮演着承接者的角色。就这一点而言，历史教育独特的魅力便在于将历史的严谨性和趣味性这两者结合起来，维持了历史传承经久不衰的活力。

何为历史的趣味性？这里所定义的趣味性，是说历史本身具有的，能够吸引着我们向某个方向前进的某种魅力或者说是特性。"一切历史都是当代史"。从某种意义上来讲，我们活在一个历史的现在之中。我们身边看似是现在正理所当然发生的每一项事物都是历史的产物，包括我们平时的话语和思考方式都是如此。因而不断学习历史世界的过程，便是不断认知现在世界的过程。人生的目的有很多种，能够更好地、更清晰地认识这个世界不也是其中一种吗？因而从宏观上来讲，历史的趣味性便在于它既是逝去的，又是活着的。甚至于说，我们正是因为能够勇敢而不失好奇地学习那个逝去的世界，才能更好地面对这个活着的世界。就个体而言，通过

① 作者简介：王珲，首都师范大学2014级本科生，2019级硕士研究生。

学习历史丰富自己的知识，进而塑造自身人格，这也是历史的趣味性。不仅是专业的历史学习者，接触历史的所有人皆是如此。司马迁讲“究天人之际，通古今之变，成一家之言”[①]。只有将个人置身于一个民族浩瀚的历史发展进程之中才能深有感触。历史事实虽已成为久远的过去，但可以通过后人的评说、记录、辨析，对后世产生深远的影响。

另一方面，历史的第二个趣味还在于其充满了连续和偶然。人们总是乐于见到戏剧性的某一幕，而文学艺术是来源于生活的。生活和历史是艺术创作的天然土壤。而这些确实发生过的事，有很多至今仍为人津津乐道，成为茶余饭后的谈资。而对于如拿破仑、亚历山大、希特勒等曾左右天地局势又转瞬即逝的人物，更是有很多人仍在讨论他们的人生。如果格鲁希的骑兵及时出现在滑铁卢战场，欧洲局势又会如何？如果希特勒死于一战战场，世界局势又会如何？历史实际上不仅只有前后因果联系，同时还充满了戏剧般的偶然。人们总是乐于体会悲喜剧的色彩，历史虽看似冗长，而实际上充满了生离死别、铁马冰河，这为学习历史的人们铺垫好了入门的道路。

而何又为历史的严谨性？历史的叙述可以允许想象的存在，但究其根本而言，不能脱离史料记录。作为历史记忆的承接者，既不能出于某种目的私自篡改史实，也不能只对光辉的一面大书特书，而对屈辱的历史避而不谈。这样通过历史教育学习历史的人，才能够尽可能全面而宏观地了解历史，促进他产生自己的历史观，而这便与历史的第二个趣味发生了碰撞。历史的确存在着大量的偶然情况，但偶然的背后又存在着很多平凡又漫长的因素积累。在历史教学中，我们常常看到一个事件既有直接原因又有根本原因，即内因和外因。内因常常需要更多的思考和探究才能被发现，严谨性也体

---

① 班固：《汉书》，北京：中华书局，1962 年，第 2068 页。

现在这方面。而这种工作常常是枯燥的，如果对历史没有浓厚兴趣的学生，往往不会因为某个历史现象去考究、考证更深层次的历史问题。

以上谈到了历史的趣味性和严谨性，而历史教育则应是将以上二者结合，从而出现其特有的魅力。当今很多学生认为历史是枯燥无味的，这实际上反映了历史教育中出现的问题。历史教育不应被一个个时间、地点、人物、意义等框架挟制住，而需要历史教师用技巧深刻而生动地把历史讲述出来。这与平铺直叙的、模式化的事实陈述有着本质的不同。后者是照本宣科式的知识转移，即从教师自身的知识体系中提取出信息，再将其转移到课堂，而不是学生的知识体系中。而前者则是一种知识转化的过程，即从教师的知识体系中提取出信息，以一种学生能够理解的方式讲述出来。一方面老师将历史知识有逻辑、连贯地讲述出来，另一方面学生也能够乐于去学习。教师通过技巧性的教学将历史本身的趣味性和严谨性展现出来，既是历史课堂应有的面貌，也是历史教育的魅力。

相比于其他学科的教学，历史教学能够在短短一节课之内，科学严谨地展现事物跨越时间和空间的发展变化，我认为这是历史教学的特点，也是它的魅力所在。学生在满足了自己的求知欲的基础上，更是充实了自己。前几年有一个十分鲜活的案例，便是被学生评为“史上最牛历史老师”的袁腾飞。记得笔者从初中时期开始，到上大学后为止的这一段时期内，一直是比较欣赏甚至是崇拜他的，想成为历史老师的动机源头也是因为在网上看到了他风格迥异的授课视频。袁腾飞的人气之所以很高，很大一部分原因来源于他独特的授课方式。抛开有色彩的历史讲述来看，他很清楚学生们，特别是那个年龄段的学生们的话语需求是什么，即趣味。他将严肃冷峻的史书叙述，转化为一种通俗化的、幽默化的叙述方式，这对于大部分高中阶段的学生而言显然是更易接受的。可以看到，他尽力在他的课堂主线之外，穿插着各种各样的弦外音和知识补充。例如他在讲苏联解体时，讲述了苏联宣布解体的当天，很多国家驻华代表的反应和东欧各国驻华大使馆的反应，以及《新闻联播》的播报，从侧面说明了各方对于这件事的看法。其课堂主线与丰富的支线相互缠绕，将历史事实拉近到学生的身边，让学生感受到了历史的趣味性，并能够充分满足学生的求知欲。

而上大学后开始重新审视他的视频发现，实际上他在很多历史事实上缺少客观和严谨。比如他对于高尔察克的讲述，很大一部分来源于电影《海军上将高尔察克》，而并非实在的史料或书籍。因而袁腾飞的讲述风格，能够充分地将历史的趣味性展现出来，但并未能展现出严谨性。而另一位笔者比较敬佩的老师是赵利剑老师，大学期间有幸学习了赵老师的一节讲述德意志统一的课，便被其高超的讲述技巧所吸引。他的课堂并不是一言堂，而是充满了与学生的问答，同时以一连串有逻辑性的问题，引导学生自己找到答案。例如在讲述普法战争时，他从战争性质入手，从普鲁士的角色、从卫国到侵略的转变，谈到了战争的正义性问题，从而谈到了德意志以王朝战争的方式进行统一的特点。因而在保证课堂知识的严谨性的同时，又穿插了一些价值观念(战争性质等)上的思考，并以提问的方式调动了学生的积极性，笔者认为这便是一堂合格的历史课，是严谨与趣味的统一。

历史并不是生硬、僵化符号的集合体，而是一条像沃尔塔瓦一样汹涌澎湃又充满生机的大河。每一位历史教师都像斯美塔那一样，既能讲述出这条大河的流向，又能展现出它丰沛的情感，一曲终了让闻者如沐春风。这便是历史教育的独特魅力，展现出人文的课堂与严谨的学问。

走近历史，感悟历史

苗　澍[1]

转眼间，这已经是我来到首都师范大学学习的第三个年头了。细察我们当初报考的首都师范大学，它不是一所普通的综合性大学，而是一所具有“师范特色”的大学。它成立几十年来，为北京的教育事业输入了无数的新鲜血液。所以我作为一名历史学院师范班的学生，在大学接触的“历史”不仅仅是一般意义上的“历史”。我们每天在课堂上接触的是“历史教育”，是一种以历史学为主要内容的教育活动。而这“历史教育”拥有无穷的魅力。这种“魅力”从整个人类的角度来说，吸引着包括我们在内的一代代中国人乃至全世界的人去学习了解历史。从我们自己个人的角度来说，它吸引着我们这些将来很可能成为教师的历史专业的学生去走进历史、感悟历史。

历史教育的魅力在于它能给人以精神上鼓舞，给人们提供不竭的动力。学生们通过历史教育，无论是老师的课堂讲授，还是他们的课外实践学习，都可以了解历史上的众多有志之士。他们不畏艰难，成就了一番事业，开拓出了一片天地。这些人以自己的毅力和努力克服了重重的困难，才达到了自己的目标。

孟子曾经说过：“舜发于畎亩之中，傅说举于版筑之间，胶鬲举于鱼盐之中，管夷吾举于士，孙叔敖举于海，百里奚举于市。故天将降大任于斯人也，必先苦其心志，劳其筋骨，饿其体肤，空乏

---

① 作者简介：苗澍，首都师范大学历史学院 2013 级本科生，2017 级硕士研究生。

其身，行拂乱其所为，所以动心忍性，曾益其所不能。”[①]

孟子这里提到的舜、傅说、胶鬲、管夷吾、百里奚等这些历史人物，都是在困境中经过磨砺成就的一番事业。俗话说，人生不如意十有八九。当学生们处于困境中的时候，如果他们能想到这些历史上发生的事，相信一定会精力倍增，增加顽强拼搏的勇气。这种精神上的作用，就是历史的魅力之一。

此外，历史教育的魅力还在于它能给人以启示。站在前人的肩膀上，让人们的生活更从容。正所谓，“前事不忘后事之师”。一提到历史，不同的人会有不同的说法。我认为有两个说法流传得比较广泛。一个是“以史为鉴”，另一个是“读史使人明智”。第一个说法出自我国唐朝时期的皇帝李世民，他认为“以铜为鉴，可以正衣冠，以人为鉴，可以知得失，以史为鉴，可以知兴替”。[②] 第二个说法出自英国文艺复兴时期最重要的散文家、哲学家培根，他认为“读史使人明智，读诗使人灵秀，数学使人周密，科学使人深刻，伦理学使人庄重，逻辑修辞使人善辩，凡有所学，皆成性格”。[③] 这两位不同国度、不同身份、不同地位的人的想法不谋而合，他们都认为历史教育能够给人以启示借鉴作用。不仅是古代的人们对历史教育有这种认识，就是现在的人们也仍然认同这一观点。

现今，认为历史教育能够给人以启示借鉴“以史为鉴”的这种观点又被注入了新的时代内涵，仍然具有不竭的生命力。1998 年的时候，江泽民主席在日本早稻田大学发表了一个重要演讲，演讲的题目就是“以史为鉴 开创未来”。这个讲话的题目采用了中国古代以史为鉴的说法。在 2015 年中国人民抗日战争暨世界反法西斯战争胜利 70 周年之际，习近平总书记在讲话中也提出，战争是一面镜子，能够让人更好地认识和平的珍贵。今天，和平与发展已经成为时代主

① （战国）孟轲著，杨伯峻、杨逢彬注译：《孟子》，长沙：岳麓书社，2000 年，第 222—223 页。
② 程继隆：《激浊扬清 习近平引经据典论廉政》，北京：中国方正出版社，2015 年，第 136 页。
③ ［英］培根：《培根随笔集》，长春：吉林出版集团有限责任公司，2010 年，第 174 页。

题，但世界仍很不太平，战争的“达摩克利斯之剑”依然悬在人类头上。我们要以史为鉴，坚定维护和平的决心。[①] 习近平总书记再一次提出了“以史为鉴”。此种例子不胜枚举。江泽民主席和习近平总书记的讲话虽然时隔将近十年，但是他们讲话的背景都有中日问题，这也与我下文要谈的有关。

此外，历史教育的魅力还在于它具有趣味性。历史教育如果仅仅是“有用”，那么它的魅力显然还不够大。历史教育能够直接地吸引学生，使学生们喜欢历史，喜欢学历史，还在于历史的趣味性。学习历史就像是听一个个故事，看一幕幕话剧，有内容有情节。有时候悲壮深沉，有时候光辉灿烂。也正是因为历史具有这个特点，所以才由历史演绎出了许多的历史题材的故事书和影视作品等。有不少学生是通过这种非专业的媒介喜欢上的历史学习。当然，艺术源于生活又高于生活，历史故事书和历史类影视作品也不尽是信史。所以，针对这一问题，老师要对学生加以教育，一旦发现问题要给予纠正。欣赏这种历史演绎的作品是可以的，但是不能以看史籍的态度来看历史演绎的作品。

以上所谈这三点历史教育的魅力都是从个人的角度来谈的，历史教育的魅力还有一个维度是在国家的层面。

历史教育对于一个民族和国家而言，能够增强民众的爱国情怀，切实地服务于社会和国家。

近年来关于钓鱼岛问题的讨论一直是热度不减。最近日本政府又在内阁官方网站上公开了证明钓鱼岛和竹岛是日本“固有领土”的750份材料，这是继2015年之后的第二次公布。日本政府试图通过“历史”，来掩盖钓鱼岛及其附属岛屿自古以来就是中国固有领土的事实。但是中国对钓鱼岛的主权拥有充分的历史和法理依据。甲午战争前，西方地图中一直广泛使用钓鱼岛名称，并明确标注其属于

① 中共中央文献研究室编：《十八大以来重要文献选编·中》，北京：中央文献出版社，2016年，第666页。

中国。甲午战争以后，日本对包括钓鱼岛在内的台湾及其附属岛屿进行了长期的殖民统治。二战结束后，按照有关法律文件，钓鱼岛回归中国。日本费尽心机找出几份资料断章取义、割裂历史，丝毫不能改变钓鱼岛属于中国的事实。通过历史教育，大家能够知道钓鱼岛及其附属岛屿自古以来就是中国的固有领土的真相，并且进一步激发国人的爱国主义热情，对少部分歪曲历史的日本人能够进行有理、有利、有节的抵抗。

中华上下五千年的历史还告诉我们，台湾、西藏、新疆、南海诸岛等是我国不可分割的一部分。“中国是一个由多数民族结合而成的……国家。”[①]历史教育的魅力还在于它能够增强大众的中华民族共同体意识，引导各民族像石榴籽那样紧紧抱在一起。

台湾自古以来就是中国不可分割的一部分，广大台湾同胞都是中华民族的一分子。清顺治十八年(1661 年)三月，郑成功亲率两万五千名兵将，分乘百艘战船出征台湾。在战争过程中，郑成功得到了台湾高山族同胞的支持，结束了荷兰在我国台湾的经营，恢复了中国人对台湾的统治。土尔扈特是准噶尔四卫拉特之一。土尔扈特人西迁到伏尔加河流域生活了 140 余年。清乾隆三十六年(1771 年)，土尔扈特首领渥巴锡率领部众万里跋涉，重返祖国，并在木兰围场觐见了乾隆帝。为了纪念土尔扈特部归来，承德普陀宗乘之庙立有《御制土尔扈特全部归顺记》石碑。

不仅是这些历史事件可以证明，如果我们在参观文物古迹景点的时候仔细观察就会发现，清朝的一些石碑是用汉、满、蒙、藏四种文字刊刻而成。如北京北海的《白塔山总记》、河北承德的《普宁寺碑》、山西忻州五台山刻有《至灵鹫峰文殊寺即事成句》的御碑，这些石刻文字是民族友好、民族团结的最好象征和见证。

但不可否认的是，在中学历史教学中，历史学科一度被某些人

① 毛泽东：《中国革命和中国共产党》，北京：文字改革出版社，1959 年，第 3 页。

作为副科来看待。可能他们还没有真正走近历史，了解历史的魅力与价值，或许不知晓历史研究乃“一切社会科学的基础”。习近平总书记曾精练地指出，“历史研究承担着‘究天人之际，通古今之变’的使命。重视历史、研究历史、借鉴历史，可以给人类带来很多了解昨天、把握今天、开创明天的智慧。”[①]作为历史教育的工作者，我们一定要理解这些话背后的道理，并在日常的历史教学中将它们践行、光大。

① 习近平：《历史研究是一切社会科学的基础，承担着“究天人之际，通古今之变”的使命》，《南方论刊》，2015年第11期，第3页。

我被它深深地吸引

王建宏[①]

唐代史学家刘知几在《史通·史官建置篇》中指出："史之为用，其利甚博，乃生人之急务，为国家之要道。"其言谈到了历史的重要性，其实也表明了历史教育的重要性。作为一名历史教育工作者，我之所以能够走上这条路，并在这条路上继续地走下去，完全是因为我被历史教育特有的魅力所吸引。

历史教育的魅力首先在于它为我们提供了一条认识人类世界的路径，它开阔了教育者和受教育者的视野。虽然当今信息时代大家获取信息、认识人类世界的途径有很多，但是从普及和启迪这个角度来说，历史教育还是非常重要的途径。面对人类世界，我们每个人从小到大总会有很多的疑问，如人类从哪里来？我们今天的世界为什么是这个样子？我们为什么会有这样的传统，那样的习俗？等等。而这些问题的解答都离不开历史教育。即使历史教育不能直接解决这些疑问，但也能启迪我们如何去寻找答案。

在进行历史教育的过程中，历史教育者为了更好地进行历史教育活动，就会通过读书、听讲座等多种学习方式来学习，增加对人类世界的认识或者更加深入认识人类世界，在这过程中就会进一步开阔自己的视野，增强自身的素养。然后历史教育者会通过历史教育帮助受教育者开阔视野，认识人类世界，进而在潜移默化中影响他们的生活，帮助他们解决一些对现实世界的认识问题。

---

① 作者简介：王建宏，北京市教研员高级研修项目学员，工作于昌平区教师进修学校。

历史教育的魅力还在于它为我们提供了认识人类世界的方法，让我们学会理性分析，试着去从别人的情境出发去理解别人，或者从多角度去认识一件事情，对事情有更深刻的认识。比如在评价历史人物的时候，以前我们经常会用单一的眼光去评价，其或者是正面好人或者是反面坏人，评价又总是一锤定音，或者全面肯定或者全面否定。但是经过历史教育之后，我们不会再用这种绝对或者说单一的目光去看待历史人物甚至身边的人了。我们会把人物放到特定的、具体的时间和空间条件下去评价，而且评价的时候要依据史实来理性分析和客观评价。这其实就是我们现在高中历史学科核心素养当中的时空观念、史料实证和历史解释三个素养的综合运用。具体来说，譬如评价近代人物李鸿章。小时候只觉得他和外国列强签了那么多的条约，就是一个卖国贼，一个坏人，但是接受过历史教育之后，把李鸿章放到当时晚清的历史时空下，仔细去分析他的所作所为，才知道他其实是当时中国官僚中少有的懂外交之人，了解到他在签每个条约背后的艰辛和辛酸，就不会简单地说他是卖国贼了，而是对他会有一个更客观的认识。在实际的历史教学中，也经常会有学生问我×××是好人还是坏人？这时候，我就会耐心地给学生讲如何去评价一个人，告诉他们评价一个人不是简单地区分好坏，而是要结合该人的生活环境和他所做的事情来评价。你越从多角度进行了解、了解得越发深入，你的评价就越客观。我想这些思想方法会对我教过的学生渐渐产生影响。

前年，我的一个学生去埃及旅游。她给我发了个她和一个埃及人的聊天记录。埃及人聊到恐怖主义的时候讲了他的看法：“我们阿拉伯人不是恐怖分子，你不要以美国人的角度来看待这个事情，他们是世界霸主，他们完全控制舆论的导向。现在你要以阿拉伯人的角度来看。新闻里你只看到一个阿拉伯人愤怒地举起匕首，可是你不会知道他们(指美国人)杀了这个男人所有的家人。他连反击的权利都没有吗？我们反击的时候，他们就会拍下来，向全世界展示，宣称我们是恐怖主义。但是我们落后，我们没有媒体，我们没有机会发声。我们统治了这个世界两千年都没有出现恐怖主义，可美国只有三百年，恐怖事件却不断发生。我们非常讨厌美国，美国不希望阿拉伯人团结。如果我们团结了，他们没有石油就完蛋了，所以他们希望我们越分裂越好。”我的学生觉得埃及人说的也是有道理的。当然关于这件事我们会从美国、埃及以及我们自身多角度去看，最后形成我们的认识，也许还不够客观，但是会更接近客观。当我们都去理性思考，都能从多角度去看问题，去理解别人，去看待人类世界，这个世界会不会变得更好呢？

除了为我们提供认识人类世界的路径和方法之外，历史教育还带有浓浓的情感。历史教育不仅有理性，也有感性，这也是历史教育特有的魅力之一。历史教育的感性，是对国家、人民的热爱，是对民族的自豪，是对文化的认同，是对人类世界多样的理解与尊重，是对人类命运的关注。所以在历史教育活动中，当讲到中国优秀传统文化时，才会有无限的骄傲；当讲到近代仁人志士挽救民族危亡时，才会有崇敬和赞美；当讲到祖国改革开放的发展时，才会有激情与自信。历史教育正是通过这些情感培养，帮助受教育者逐渐树立起了正确的世界观、人生观和价值观。

现在我已经从一线教师转变为教研员，虽然直接接触学生的时间变少了，但是身上背负的历史教育的责任更大了。以前只是面对自己所教的学生，最多时不过 200 多人，现在要面对的是全区的历史教师，他们的背后是 3000 多名学生。所以我要努力帮助教师们，更好地把这些魅力带到他们的课堂，去影响每一名学生。

成为教研员之后，我特别关注年轻教师的成长，我经常去听他们的课，和他们交流。比如今年一位年轻教师上“明至清中叶的经济与文化”这堂课，她更多的是对知识的总结，明晰明清这段时期的经济、文化方面的知识点。课后我就指导她在明晰知识的同时，如何引导学生从纵向和横向来看这段历史，教会他们认识历史的方法。例如，从纵向看，这个时期的经济文化都有很大发展，可以体会到明清时期的中国骄傲；但从横向看，把明清这段放到整个世界的大背景下去看，又会感受到当时中国所面临的危机。这样下来，历史教育的三个魅力就都彰显出来了。她再上这节课，感觉明显不同了。她自己也更深刻地感受到了历史教育的魅力。

总之，正是因为历史教育有这么多的魅力，我才被深深地吸引，义无反顾地走到历史教育这条路上来，现在身份虽然有所改变，但使命未改，我还是愿意一直在这条路上走下去。

在人文与理性的交融中感悟

孟凡霞[①]

谈及历史教育的魅力这个话题，总感觉脑海中有很多词汇，却又难以用简单明了的话语去对它进行描述。它那特别的吸引力、迷惑力到底在哪里呢？静心梳理自己从事历史教育工作的历程，最终决定用“人文与理性的交融”去表达我对它的感受和认识。

在刚刚从教的几年里，我的课堂教学非常关注知识讲解，特别重视学生是不是记住了自己课堂教学的内容，在考试的时候是不是能够把记住的知识完整地呈现在考卷上，课间和放学以后也经常会把学生留下来背诵，如果不能对上课的内容进行让我满意的复述，我还会耐心地进行单独辅导……这期间，学生是否真正地感受到历史教学的魅力了？学生喜欢历史吗？毫无疑问，一部分学生是喜欢历史的，这种喜欢是对历史知识自身的喜欢，学生感受到历史知识自身的魅力，这种魅力很大程度上不是由我的教学带给他的。

在思考这个问题的时候，我想起一次与正在攻读美术系研究生的学生见面的情景。在回忆高中生活的时候她告诉我：当年我给她讲了十几遍文艺复兴，她还是不能理解，觉得我在说“天书”。直到她学习美术史的时候，才突然理解了当年我说的是什么。这件事深深地刺激了我。回顾自己的学习经历，我就会同样发现，高中以前所学的知识，凡是与以后的求学和工作无关的内容基本已经消失殆尽。细思起来，我认为对于知识的不理解与对于知识的遗忘可能都

① 作者简介：孟凡霞，北京市教研员高级研修项目学员，工作于西城区教育研修学院。

是源于缺少了对学习对象的感情与理解。历史是有温度的，历史是有思考的。在教学中我逐渐感受到了这种温度与思考：历史是丰富的，历史是鲜活的；历史是理性的，历史是深刻的，历史教育的魅力就在于在感性与理性之间进行转化与升华，让历史的人文与理性彼此交融，成为终身能留在学生身上的东西。而这些东西，对于生活在当今这个信息时代和人工智能大发展的时代的学生来说，无疑是非常需要的。有了这样的认识，我的教学观发生了很大的转变。在随后的教学实践中，我始终要问自己一个问题：这节课，我要表达一种怎样的情感？情感的温度把握到什么程度？学生通过这节课的学习能获得怎样的历史理解？学生怎样能感受到我的温度与情感？学生怎样能获取这些历史的理解？在思考这些问题时，我会感动，会思考，我逐渐感受到历史教育的内在魅力。

有一次在进行有关“维新运动”的教学内容时，我就想怎样让我们的学生感受知识分子的情怀，感受历史人物所处的时代赋予他们的使命与责任呢？于是我拿起相机，走出校门来到离学校不远的谭嗣同故居。这里早已物是人非。但站在故居门口，我脑中关于谭嗣同的知识依然不断浮现出来，包括他的那首绝命诗。我感慨万千！怎样的历史使命感才能让人付出生命的代价去争取？随后，我陆续去了康有为故居、梁启超旧居、强学会旧址等，半天的时间，我感受到了历史，理解了历史。我找到了联系历史知识、历史感情、历史理解这些闪耀着人文精神与理性思考的路径。平时这种理解很抽象，但是那天的感觉却很具体，我找到了帮助学生去感受这种历史魅力的突破口：让我的学生也和我一样在预习“维新运动”有关的学习内容后，带着书本知识也来走一走。学生热烈响应，利用放学时间去附近走一走。随后学生交给我收集的各种资料，提出了各种问题，迫切地等待我上课。这不就是历史教学的魅力吗？它吸引了学生。学生在对历史遗迹的走访中，感受到了历史人物的存在，迫切地想知道他们为什么这么做？他们还做了什么？接下来的课受到前所未有的欢迎。我首先带学生进入到19世纪七八十年代的中国——在内忧外患的困境中中国的出路何在？救世的良方到底是什么？康有为等是那个时期先进中国人探索救国道路的代表。为了让学生了解康有为在维新变法中的作用，理解他为何会借传统的儒家思想来宣传维新变法，我以康有为戊戌变法前的主要成长经历以及活动为线索，制作康有为档案，介绍了康有为的人生经历。了解他从小受严格的儒学教育，七岁能文，被称为神童，专心于圣人之道，因常引用圣人的教诲，得外号“圣人为”，帮助学生理解其成长中师从著名理学大师的经历，为其打下坚实的儒学基础。

姓　名	康有为	年　代	1858—1898（“百日维新”前）
籍　贯	广东南海	外　号	圣人为
出　身	官僚家庭	爱　好	上书皇帝

时间	地点	大事
1876年	广州	师从理学大师朱次琦
1879年	广州；香港	读书（经世）；游历香港
1882年	北京；上海	乡试；参观上海租界；购书
1888年	北京	乡试；第一次上书光绪帝
1890年	广东	晤见今文经学家廖平
1891-1895年	广州	讲学、著书立说

学生通过简单了解康有为的人生经历，与历史人物产生共情，从而为理解历史打下基础。为了更为深入地理解，我又提供了一些学习素材，学生在阅读这些学习素材时，不断思考、积累，对历史人物的共情更加深刻了。

康有为在香港游历时，对西方有了直接的感性认识：

览西人宫室之瑰丽，道路之整洁，巡捕之严密，乃始知西人治国有法度，不得以古旧之夷狄视之。

——《康南海自编年谱》

1882年康有为参加顺天乡试未中，归途中参观上海租界，租界内的一切使他产生了强烈的研究西方的想法，康有为感觉到“处于西方管理下的殖民地都如此先进，那么宗主国应该更先进”。这时他做了一件事情：

“大购西书以归”，开始讲求西学，努力阅读江南制造局和外国教会翻译的西书及《海国图志》《瀛环志略》等介绍外国情况的著作。包括传教士创办的《万国公报》。

这个过程有理性的分析，有情感的加深，人文与理性同在，符合历史学习的特点，也顺应了学生学习的心理状态。作为教师，对于历史教学的理解也更加深刻了。

在学习中，学生最想理解的是为什么谭嗣同一定要慷慨赴死？这是学生站在今天的角度很难产生共情的。如何让学生向着我们希望的方向去理解和解读谭嗣同的选择，认同他为挽救民族危亡而献出自己宝贵的生命的这种英雄主义的行为呢？这种情感的共鸣还需要老师和学生一起进行理性的分析。于是我提供了关于谭嗣同的一些资料，带领学生走近谭嗣同的成长历史、回到他身处的那个时代。在这样的情境中，学生真正理解了谭嗣同的行为选择，感受到他为国人启蒙所做出的英雄主义的选择。历史教育就是这样，没有夸张的渲染，没有刻意的煽动，就是在感知历史上的一个个鲜活的人的过程中，看到和理解鲁迅先生所说的“我们自古以来，就有埋头苦干的人，有拼命硬干的人，有为民请命的人，有舍身求法的人……”

这节课的教育契机是很难得的。学校所在的地理位置与这段历史是这样接近，空间距离的拉近，其实也拉近了情感的距离，与历史人物的情感交流也就更加便利了。在这个过程中，老师提供的学习素材也为学生理性的分析打下了基础，而理性的分析更加深了对历史人物的理解。

在2017年版的《高中历史课程标准》中有这样一个示例：在《康南海自编年谱》中，记载了1899年1月，康有为在回忆“公车上书”时，对自己组织这一事件有非常详细的说明，并记述都察院拒绝代奏他们的上书。许多论著据此认为康有为发起和组织了“公车上书”。而当代学者茅海建详细查阅清朝军机处《随手档》《早事档》《上谕档》《电报档》《洋务档》《收电》《交发档》《宫中电报电旨》等档案，提出：“康有为组织的十八行省公车联名上书并非都察院不收，而是康有为根本没有去送。”这个事例让我的教学进入了新一轮的人文与理性的思考之中。

“公车上书”这件事到底存在不存在？这些问题的解决，没有标准答案，它需要我们去运用学科的方法和我们的思维能力给出对问题的解释。甚至还可以给学生留出更多的思维空间，通过这样的教学过程培养学生的理性精神。在与学生进行理性分析时，在由史料到结论，再到历史认识的各个环节中，形成逻辑思维链条，理性精神厚植其间。但是也要让学生知道过去发生的事情，本应是一种客观的存在，但人们在记录所发生的事情时，总是会将自己的思想感情等因素掺杂在其中。记录历史的人，撰写历史的人也是有情感的。因此，要了解历史的真相，就需要借助多种史料进行互证。当我们想对一个问题进行研究和做出结论时，还需要尽可能多地占有材料，并对材料的真伪做出有依据的判断，如果能有文献和出土材料相互佐证，则更有说服力。用胡适先生的话说，需要做到：“有几分证据，说几分话。有一分证据，只可说一分话。有七分证据，只可说七分话，不可说八分话，更不可说十分话。”在现实世界中，对问题的追问，运用证据说话，运用自己的头脑思考，是我们不会迷失自我的方法之一。当学生能够利用不同类型的史料对所探究的问题进行互证时，也更容易对问题形成更全面、更丰富的解释。历史教育久而久之，就会养成谨慎下结论的思维习惯。这样的历史教育过程也让学生更容易形成包容异见、理解和尊重他人的人格特质。理性的学习过程最终转化为学生的人文精神，为学生的发展奠定一生的基础。

以上的教学探索和思考，让我深刻地体悟到，历史是一门人文与理性交织、交融的学科，历史教育的魅力正在于通过人文与理性互为表里的互相推动，让学生感受到学习历史的无穷魅力与收获。

第五章

共性与独特

历史是由活着的人和为了活着的人而重建死者的生活。

——[法]雷蒙·阿隆

润物细无声

芦　妍[①]

在现在这个比较浮躁的社会里，真正从事教育的人不多，真正从事历史教育的人又是少之又少，即使是在基础教育的领域内，历史学科长久以来被冠上“副科”的名头，历史教育也没有相应的地位。虽然地位尴尬，历史教育仍以其独特的魅力渗透在中华民族的血液里，传承着我们中国不朽的国魂。

历史教育对整个中华民族的重要意义早为仁人所关注。历史教育的魅力蕴藏在它的两个本体——历史和教育里，兼顾着二者的精华。无论处于什么时代，历史都有着不可替代的教育价值。恩格斯说：“如果不就向来的观点和以往历史写几本书，将诸种原则加以逻辑地和历史地发挥，并作为这种历史的必然的继续，那一切都将处于半昏睡状态，而最大多数人仍会在黑暗中摸索。”[②]历史的魅力在于它的广泛性、生动性、残缺性、规律性、借鉴性；教育的魅力正如雅斯贝尔斯所说的：“教育则是人与人精神相契合，文化得以传递的活动……因此教育的原则，是通过现存世界的全部文化导向人的灵魂觉醒之本源和根基，而不是导向由原初派生出来的东西和平庸的知识。”[③]教育本身就意味着一棵树摇动另外一棵树，一朵云推动另一朵云，一个灵魂唤醒另一个灵魂。历史教育以其缤纷的色彩在岁月的长河里默默流淌，不曾消逝它的光芒。现在我就以自己

---

① 作者简介：芦妍，首都师范大学教育学院2015级教育硕士，现工作于北京市东城区板厂小学。

② 《马克思恩格斯通讯集》(第1卷)，北京：生活·读书·新知三联书店，1957年，第3页。

③ 《什么是教育》，北京：生活·读书·新知三联书店，1991年，第2—4页。

的亲身感受和实践经验来总体描述我心目中的历史教育的魅力。

一、包罗万象缤纷灿烂

历史教育包含着众多内容，极其复杂又极具生动性。从历史教育的内容来说，它包含了从古至今的所有为人类所知的中外历史，复杂性是历史的基本特性之一。大千世界、芸芸众生如万花筒般缤纷灿烂，里面包含着政治、经济、文化等诸多内容，每段历史都不是死的历史，它是生动的，历史从另一个层面来说，是某一时期社会生活的反映，生活本身就是一幅生动的画卷；从教育的过程来说，以主要的历史教育的场所来举例，老师可以采用诸多方式充实40分钟的历史课堂，可以模拟辩论赛现场，可以分组讨论，可以分角色扮演，等等，这些形式点缀了历史课堂，也丰富了历史教育的形式，体现历史教育的魅力。

比如说在对“青铜文明”进行教学设计的时候我们可以发现，涉及的青铜器比较多，信息层次也比较深，学生有研究和探索的空间，不少学生对此也有深厚的兴趣，课堂形式上教师就有多种选择，可以是学生分小组主题学习，也可以是在博物馆里进行实践学习，还可以是传统的师生课堂对话，可以说，历史教育的包罗万象给了师生创新发挥的空间，反过来更加促进了历史教育的缤纷灿烂。

二、超越时空的相遇

我认为历史教育的过程就是古人与今人的对话，历史教育的魅力也在于古人和今人穿越时空的相遇。历史教育不局限于基础教育的历史课堂，历史纪念馆、历史遗址、革命广场等都是历史教育的场所。与学校课堂相比，它们具有丰富的历史教育情境，更具有历史的真实感。

我在做“五四爱国运动”的教学设计时，把本课的立意定在爱国精神上，在设置课堂情境时总是觉得不完整、不真实。后来在网上查到了北京的新文化运动纪念馆，丰富的、真实的史料让我心动。

第二天我拿着本子和相机就出发了，开始了重访“五四”的历程。到了之后我发现在整个纪念馆参观的人少之又少，通过与工作人员的交流，我深切地感受到我们国人历史教育意识的淡薄，每次对先辈们的缅怀只是局限于特定的节日，再加上我们国家历史深厚，历史资源丰富，很多重要的历史场所由于后世的战乱、后人的忽视、记载的匮乏逐渐湮没在历史的风尘里，仅剩的这些为数不多的资源还被我们如此忽视和淡漠，不仅历史教育的魅力大打折扣，国家历史的光芒也晦涩不少。我认为，应该把这些历史遗迹、纪念馆的访问列入基础教育的历史课堂里，给基础教育的历史课堂补充鲜活的资源，使其焕发灿烂的光芒。

三、细微处皆学问

我认为不经意的一颗历史的沙粒都是教育的资源，都能给后人带来无限的力量。

大学的时候自己在准备“明清时期的科技文化”那一课的时候，也曾经陷入了困境，总觉得对这些科技文化成就的罗列并不能实现古人与学生强大的精神共鸣，后来我在电脑上查阅了《天工开物》的故事，被历史的智慧深深震撼了。即使它已远离我们的现实生活，它也能带给我们后人无尽的力量。《天工开物》的作者是宋应星，他是千千万万的封建士大夫中的普通一员，在同辈人里他真的不算是突出人物，屡次参加科举屡次不中，用我们现在的眼光来看，人生的失意也不过如此吧。可是宋应星从来没有屈服，也没有执着于所谓人生的巅峰——金榜题名，参加科举的五次跋涉，使其见闻大增，他说：“为方万里中，何事何物不可闻”①。可见他的视野极其开阔。他在田间、作坊调查到许多生产知识，并且在《梦溪笔谈》的影响下，他鄙弃那些“知其味而忘其源”的“纨绔子弟”与“经士之家”，他将其长期积累的生产技术等方面的知识加以总结整理，编

① 《天工开物》，北京：人民出版社，2015年，序。

著了《天工开物》一书，他的著作都具有珍贵的历史价值和科学价值。这本书被欧洲学者称为“17世纪的工艺百科全书”。后来在讲课的过程中，我对学生们说，宋应星的故事告诉我们，人生不如意十之八九，每个人成才的方法也有许多种，我们的视野要开阔，执着确实能帮助我们成功，可有的时候我们换个角度也许就能发现一片桃花源。如果宋应星一直执着于科举，又屡次不中，他又怎么能在历史上留下光辉灿烂的一笔？他的故事又怎么能进入我们的视野？他的《天工开物》又怎么能成为我们后世的财富呢？这就是历史的魅力，就是历史学科的魅力，更是历史教育的魅力！于细微处见大道理，历史教育的视野就是那么宽广和深刻。历史教育承担着我们对于历史的继承、批判和传承，并以此形成我们的国家记忆。

四、滴水可以穿石

还记得上次课后跟杨老师的讨论，大家得出的结论是历史学得好的人肯定是达观、健康的人。我想说这一切的功劳都归功于历史教育。无论我们在意不在意，无论我们是否铭记在心中，无论我们是否有效地与古人和今人对话，它就是这么存在于我们的日常生活中，内化于我们的点滴生活中，对我们的气质、人格、性格产生深远的影响，古人的智慧、精神、胸怀将永久地保留在我们民族的血液里，成就我们的民族精神。

五千多年的发展中，中华民族形成了以爱国主义为核心，团结统一、爱好和平、勤劳勇敢、自强不息的伟大民族精神，这一切离不开历史教育。比如从洪秀全的金田起义、康梁的维新变法再到孙中山的民主革命，无不得益于中华儿女始终以国家民族大义为己任、敢为天下先、善为天下先、屹立潮头、自强不息的民族精神！这些都是历史教育的重要内容，当然历史教育的熏陶不止这些。更进一步说，在浩瀚无边的历史知识里选取合适的能用作教育资源的材料，这是历史教育的核心所在，选择的过程一方面要考虑史实本身在历史长河中的地位和作用，另一方面要兼顾教育对象的基础和兴趣，肩负育人功能，再以适当的方式表达出来传递给学生，这也是历史教育的魅力。

以上是我的亲身体悟，也是我认为自己将永远从事和追随她的动力和源泉所在。

育人于无形

周美闪[①]

从初登讲台到如今，作为一名中学历史教师，我一直都在思考一个问题：历史教育的意义何在？我工作的价值何在？带着这样的思考，在将近16年的教学生涯中，我对于历史教育的感情与日俱增，因为我发现它是我所崇尚的“无痕教育”的最佳媒介，我欣赏它不留痕迹地滋养着年轻心灵，育人于无形的教育魅力。

历史教育在培养学生坚毅的品格，教给学生为人处世道理的过程中，没有刻板的说教，有的是一个个鲜活的历史人物和真实的历史故事。通过学习孔子“中庸”的思想，学生能将“和而不同”的中国传统文化内涵转化为自己的人生哲学，能够在现实中学会坚持自己原则的同时，相互包容，和谐相处，能够与来自不同家庭、性格迥异的同学友好相处，学生在不知不觉中传承着中国的传统文化，学会了为人处世之道。学到唐朝文化敦煌壁画时，学生们通过“敦煌女儿”樊锦诗的故事，感受到25岁的樊锦诗放弃大城市北京、上海的优越条件，毅然选择西部小镇，戈壁大漠的敦煌莫高窟，为敦煌文化遗产的保护和研究奉献自己青春的崇高理想，从而明白青年人应该树立远大的人生理想，潜移默化中形成了自己的人生观和价值观。

历史教育在培养学生集体荣誉感、社会责任感以及家国情怀的

① 作者简介：周美闪，北京市中小学名师发展工程项目学员，北京市特级教师工作室项目2019级学员，工作于北京师范大学良乡附属中学。

过程中，没有空洞的口号，有的是发人深省的历史教训和感人至深的历史细节。学生通过学习淝水之战——历史上有名的以少胜多的战役，明白了军心和士气对于战争的重要性，同时，也明白了一个人的言行对于自己班级，对于自己国家的重要性，集体荣誉感油然而生；在学习中国近代的百年屈辱史时，通过学习近代有识之士前仆后继，不顾个人安危，探索救亡图存的过程，尤其是通过学习五四运动、“一二·九”运动等学生救国运动，学生发自内心地感受到家与国“唇亡齿寒”的关系以及“天下兴亡，匹夫有责”的社会责任感；通过学习林觉民的《与妻书》，那份为了国家和人民，舍小家顾大家的爱国主义情感，真实感人，自然唤起了学生的爱国心和报国志。

历史教育在培养学生广博、包容的全球视野的过程中，没有生拉硬扯，牵强附会，有的是世界各地文明从产生到发展一个个真实而客观地呈现。学生既认识了中国传统文化的丰富内涵和博大精深，又认识了世界各地文化的各自特点和多样性；既认识到了中国文化对世界深远和广泛的影响：从古代中国以儒家文化为核心的思想文化对亚洲各国，乃至欧洲、世界的影响，到近代中国人民十四年抗战为世界反法西斯战争的胜利做出的重大贡献，再到现代中国改革开放的巨大成就带给世界经济的影响。

此外，他们又客观地认识到了世界其他地区的文明对中国的影响：从古代希腊的民主，罗马的法律，到近代文艺复兴、启蒙运动时期的人文主义思想，再到现代马克思主义指导下的俄国十月革命的成功都对中国产生了深远的影响。通过历史学习，学生深刻地认识到了世界文化的多样性和世界联系的紧密性，对世界的认识，自然更加全面，更加客观，对世界各地不同的文化，自然就更加包容。

历史教育在培养学生敢于质疑、严谨求实的学习方法和思维方法的过程中，没有虚张声势和形式主义，有的是一个个真实的历史问题和实实在在的史料实证。学生在学习戊戌变法时，面对课本中关于“公车上书”的记载和茅海建等学者通过史学研究所主张的“康有为组织的十八行省公车联名上书，并非都察院不收，而是康有为根本没有去送”这两种截然相反的观点，他们学会了客观地辨析史料，理性地分析和求证，对课本中的结论不再盲从。在学习秦朝的历史时，关于秦始皇的评价，通过对比分析秦朝留下来的记功石刻和后代史学家的研究结论，学生明白了历史结论受到历史时代背景及作者本人的主观立场等因素的影响，明白了我们如今所见到的历史，仅是“个人所见史料”，相对于浩瀚广博的历史，只是冰山一角，从而对历史的敬畏油然又生，在面对历史学习时，自然多了一份客观和理性。

综上所述，历史教育对一个人的品格、人生观、价值观、世界观乃至思维方法的影响是深刻的，但这种教育又是自然而然的，潜移默化的，不留痕迹的。正如苏霍姆林斯基说：“当学生发现你是在教育他的时候，你的教育是苍白的。”这种无声无形的无痕教育才是真正的教育，我想历史教育的魅力也在于此！

创设有灵魂的课堂

龚玉玲[①]

从教多年，一直在思考并探索“教育”为何？

“教”字，《说文解字》中的全解是“教，上所施，下所效也。从孝，从支”。[②]“上所施，下所效”是概括性的，“从孝，从支”则是具体内容和措施，指践行孝道（支，形容手持木棍状，像打人的样子）并形成一种文化加以传承。“育”字篆书的上方，不从“子”而从倒“子”，正谓不善者可使作善也，即养子使作善也。[③] 可见，古代教育的目标是“孝”和“善”。即教人做人，要求人们加强个人道德修养，保持一颗向善之心。这与21世纪中国教育“立德树人”的根本目标有着高度一致性。德国哲学家雅斯尔贝斯关于教育本质的阐述中有一句话是“一个灵魂唤醒另一个灵魂。”历史教育正是一门承担着唤醒灵魂重任的学科。2017年版《普通高中历史课程标准》规定：“发挥历史课程立德树人的教育功能，使学生能够从历史的角度关心国家的命运，关注世界的发展。”历史教育可以借助历史长河中丰富多彩的人物、事件、现象等陶冶学生情操，提升学生道德品质，培养学生健全的人格。课堂是历史教育的主阵地，作为人类灵魂的工程师，只有创设有灵魂的课堂，才能完成塑造灵魂的任务。这也是多年来深深吸引我，并让我为之倾注无数汗水的历史教育之魅力

---

① 作者简介：龚玉玲，教育部“国培计划”中小学名师领航工程学员，工作于天津市杨村第一中学。

② 王静：《试论〈说文解字〉中的“教育”二字》，《教育研究》，1995年第3期，第48—52，57页。

③ 姚芳：《回溯民间文学精髓 找寻爱的教育良方》，《中学课程辅导（教师通讯）》，2014年第3期，第6—8页。

所在。

历史课堂的灵魂是什么？

针对“灵魂”的解释，孔颖达疏：“……附形之灵为魄，附气之神为魂也。……附所气之神者，谓精神性识渐有所知，此则附气之神也。”[①]可见，灵魂是精神层面的东西。雅斯贝尔斯说：“教育是极其严肃的伟大事业，通过培养不断地将新的一代带入人类优秀文化精神之中，让他们在完整的精神中生活、工作和交往。”[②]这位大师的话不仅对历史教育目的有很深的启发，而且也为历史课堂教学明确了核心方向。有灵魂的课堂才能够形成一种深刻的力量，才能影响学生的人生方向，引领学生思想和精神向更高境界迈进。

如何创设有灵魂的课堂？

创设有灵魂的课堂，即创设有思想和精神内涵的课堂，也就是能够培养学生形成正确的价值观、高尚的道德情操和健全人格的课堂。有灵魂的课堂需要雕琢，如玉一般，根据材质和光泽精心打磨、用心刻画，打磨之后的玉石便有了灵性，方显出温润和温度，它能自然而然地浸润学生的心灵，使学生受到良好的道德教育和情感的熏陶。

如果一堂课仅有知识、能力、方法，而不能在精神层面给学生以滋养，这样的课就好比一个人有骨架肉体而没有灵魂一般。如果说知识、技能、方法能给学生增加高考的筹码，那么精神思想层面上关于价值观、道德力量、人格引导，则能给学生成长指明正确的方向。

正是基于这样的认识，在历史课堂实践中，我努力探索尝试为历史课堂注入精神和灵魂。

---

① 滕晶：《中医五神之魂魄要素探论》，《中国中医急症》，2011年第12期，第1924—1927页。

② 刘文婷、杜建群：《新课改三维目标的内涵及关系阐释》，《教学与管理》，2016年第12期，第1—4页。

1. 精选学生最感兴趣的角度切入，让课堂注入灵魂的高度

从心理学角度来讲，兴趣是最好的老师。而历史教学恰恰拥有这样的优势，其所学内容中有很多能够激发和吸引学生兴趣的内容，诗词便是其中的瑰宝。诗词是作者的情感的表达，也是历史在不同角度的反映。作为一位历史教师，我从诗词的角度来解读历史，使学生产生了极大的兴趣，从而为创设有灵魂的课堂营造了良好的氛围。在历史教学中，有很多这样的例子。毛泽东既是一位伟大的政治家又是一位诗人。作为中国共产党的创始人和中国无产阶级革命的第一代领袖，毛泽东的诗词反映了中国无产阶级革命和直到他去世前社会主义建设的全部历程，展现了中国革命和建设波澜壮阔的宏伟画卷。毛泽东诗词既是中国革命的壮丽史诗，又是毛泽东伟大人格的光辉写照。鉴于此，我在复习课中设计了“毛泽东诗词与中国革命史”专题，引导学生从诗词的角度出发了解诗词创作的背景，从1925年秋天的《沁园春·长沙》，到1927年9月的《西江月·秋收起义》、1928年秋的《西江月·井冈山》，从1929年秋的《清平乐·蒋桂战争》到1931年春的《渔家傲·反第一次大围剿》，从1935年10月的《七律·长征》，到1949年4月的《七律·人民解放军占领南京》，等等。通过教师对诗词背景和内涵的设问、学生的思考和回答，学生既牢牢地巩固了历史知识，又从那气势磅礴的词句中触摸到伟人毛泽东的政治理想、思维方式、哲学观念、生活阅历、思想境界、人生情致和审美情趣。这样的课堂设计，是灵魂统领下的课堂，既有了思想精神的高度，又能确保知识的巩固和能力的提升。

在课堂上，学生们的学习热情完全超出我的预料。在积极的课堂参与中，学生对历史课堂上的诗词表现出浓厚的兴趣，他们在享受着诗词的美感和韵律的同时，也感悟着伟人在失败时的苍凉心境，在危急时的郁闷心情，在困难面前的坚定意志，在挫折中的乐观豪迈，在胜利后的讴歌赞美，在抒怀时的畅快淋漓。当学生沉醉

在诗词所表达的意境中时，他们的面目表情也随之变化，同理心随之出现，伟人身上的优秀品质也悄然地流入学生的心田。

2. 巧设最能感染学生的主线，让课堂拥有灵魂的温度

“新文化运动和马克思主义的传播”一课的内容，内涵非常丰富，是老师们选讲公开课的重要章节。我校王珊珊老师在最初设计中，为了突出新文化运动对近代民主革命进程的重大影响，设计了“文化转型—— 一本杂志树旗帜”“道路转型——一条道路救中国”“时代转型 —— 一场革命新序曲”三个板块。看到王老师教学设计中选取的材料，我仿佛感受到了在那个时代，一群热血沸腾的青年人在黑暗中呐喊、向黑暗抗争，最终推动了一场巨大的思想解放运动的到来。中国历史的巨轮在这群青年人的推动下向前转动了。在这场思想解放运动中，青年人将思考、勇气、斗争、创新精神，以及时代赋予他们的责任和担当做了完美的融合与诠释。这节课是在向学生介绍一场思想解放运动，同时也是在向当代青年学生讲述那个时代青年人的故事。运动本身没有温度，但是运动中的人是有温度的。于是，我建议王老师以人即“青年”为主线，从“青年的困惑、青年的觉醒、青年的精神”展开教学。在王老师授课过程中，“青年人”的形象仿佛从教材中跳跃出来，站在了你的面前，让你感受到他们澎湃的热血和温度。这样的课堂主线也激发和唤醒学生内心中共通的情感和体验，产生感同身受的感觉。最后通过“穿越时空的对话”这一教学环节，引领学生从陈独秀的一封信、一段话，习近平总书记在纪念五四运动 100 周年讲话等内容中汲取能量涵养自己，让 20 世纪初和 21 世纪初这相隔百余年的青年在思想上交流、精神上共鸣、情感上共振。水到渠成后的教学自然会引起学生的思考：“每一代青年都有自己的使命担当。以陈独秀为代表的 20 世纪初青年人的理想和国家的前途命运相一致才有了宝贵价值。处于 21 世纪新时代的青年，只有把个人的梦想和国家、民族的梦想融合在一起，才能焕发出惊人的力量。如何让我们的国家变得更加富强、民

族更加振兴、人民更加幸福？作为新时代的青年学生，应勤奋学习文化知识、不断锤炼身心，努力做新时代具有过硬本领和高尚品格的接班人。”这堂课好比是一场跨越时空的接力赛，传承的不仅是知识和文化，更重要的是理想、精神、信念和担当。

马克思说：“一个时代的精神，是青年代表的精神；一个时代的性格，是青年代表的性格。”①让 20 世纪青年之精神激励今日之青年，启发今日之青年肩负起时代赋予他们的使命和担当！这便是这堂课之灵魂所在。

3. 妙创“小切口、大视野”的专题，让课堂拥有灵魂的深度

“小切口”是历史教学中一种常见的复习方法，也是高考试卷中主观题常用的考查方式。所谓“小切口”，即像医学上外科手术的“微创法”，以小的突破口，通过历史的细节来展现宏观事件。这种方法已成为提高历史教学生动性和实效性的一种重要教学手段。②“大视野”的意思就是在历史学习或复习中，着眼整体或全球的角度进行考虑问题、分析问题。“小切口”具有具体性、基础性特点，但分析思考的深度往往不足。如果能从“小切口”洞见“大天地”，那么这节课对学生的教育则有静水流深之感，又有“由一孔洞见桃花源”之愉，让学生回味无穷。这样的专题需要老师妙选“切口”，才会有新意，才能产生良好的效果。

在复习“经济全球化专题”内容时，我改变原来从“世界市场的雏形开始出现至 20 世纪经济全球化”的传统复习思路，创建了“从货币的视角看中国与经济全球化”这一专题，以中国不同时代有关货币的材料为线索展开，通过一系列问题的设计将学生的目光引向同时期的世界经济，从而了解经济全球化所处的阶段、特征以及当时中国经济在世界市场中的地位等。在授课的过程中，我出示材料一：

① 范志洁：《新时代青年的时代使命与历史责任》，《现代交际》，2018 年第 3 期，第 242—243 页。

② 朱真：《“小切口”式历史教学刍议》，《历史教学(中学版)》，2012 年第 11 期，第 42—48 页。

明代中叶后，白银成为主要货币。据研究，16世纪中期到17世纪中期，欧洲各国与中国的贸易以中国的丝绸为主角，被西方学者概括为“丝—银”对流。中国通过“丝—银”贸易，获得了占世界产量1/4到1/3的白银，总量达到7000吨至10000吨。这种趋势一直持续到18世纪末。

——《2009年普通高等学校招生全国统一考试文科综合能力测试(北京卷)》

上述材料引自2009年北京高考卷，但是我没有将原有的设问照搬，而是根据专题的需要重新进行了设问。(1)推动欧洲各国与中国“丝—银”贸易出现的重大历史事件是什么?(2)请从全球化的角度阐述该历史事件的意义。(3)此时中国在世界市场中处于什么地位并说明理由。

这样设问主要是为了引导学生从中国明代白银流入联系到经济全球化的发端——世界市场的雏形开始出现，中国与世界相联系，帮助学生养成在世界视角下看中国的思维习惯，使学生通过思考问题、解决问题，深刻理解同一时期经济全球化对中国货币、对中国经济的影响。此专题复习中，我始终贯穿着三条线索：中国货币流通演变、经济全球化各个阶段发展特征、中国与经济全球化各阶段的关系。问题的设计，不仅将这三条线索自然地融合在一起，同时还将微观、中观、宏观内容巧妙地结合，既巩固了基础知识，又培养了学生的时空观念、史料实证、家国情怀等核心素养。

之所以进行这样的课堂设计，一方面通过复习中国不同时期货币流通变化及其与世界经济的联系和在世界经济中的地位，让学生清醒地认识到，中国的发展离不开世界，世界的发展需要中国，培养学生养成站在全球化的视野下看中国的思维习惯，从而更透彻、更全面地认识中国的发展。另一方面，是要让学生了解中国经济在经济全球化过程中由弱变强、由附庸到引领者的发展历程，使其在产生自豪感的同时，能够意识到在新时代实现中国梦过程中自身的责任。

在这样的问题情境创设下，学生们在“启示”这一教学环节讨论中，纷纷各抒己见：“国家金融实力是一个国家综合国力的重要组成部分和重要体现，一个国家在全球经济体系中想要保持优势，拥有与时俱进且完善的金融体系是必不可少的因素”；“货币是经济流动的重要媒介，是一个国家经济能够充分流动的重要保证与维护国家安全的重要武器。保证币值稳定，积极参与货币国际化，不断发展综合国力，提升本国货币国际地位有着重要意义”；“拒绝故步自封，积极参与全球化，对于国家经济发展有着重要意义”；“我国古代市场经济发达，我们在当前社会遇到的很多问题可以积极向古代人“取经”，取其精华，发展有着中国特色的现代货币与经济体系”；“货币的样式反映了一个国家一段历史时期的面貌与特征，有助于我们了解不同历史阶段不同国家的政策、价值观及人民的生活，对于历史研究有着重要价值，同样对我们国家未来的发展有着重要的启示和指导作用”……

每个学生的发言都是从“大中国”经济发展的角度出发，从货币、金融、全球化等不同的方面表达了他们的见解。在这堂课中，我深深感受到了学生的成长、心中的家国情怀及理性思维。我相信这一切都会对他们未来职业的发展以及人生道路奠定坚实的基础。

伴随着对“历史教育”的思考与探索，我对历史教育魅力的认识不断加深。蓦然回首，那个曾经因为被历史系录取而试图想转系的我，早已安心并专注于历史教育教学二十多年了。回首过往，有过彷徨，也有过困惑，但一直在前行。之所以在跌跌撞撞中能够坚持向前摸索，最吸引我的不是学生在高考中取得的高分，而是历史长河中那些可歌可泣的、感动着我和我的学生心灵的人和事。这些人和事就像一种召唤，指引着我们不断前行，让我们的灵魂走向高尚。对于我来讲，这就是历史教育的最大魅力吧！

用生命影响生命

张子琴[①]

作为一个已经执教了13年的中学历史教师，经常会有人问我教历史有什么意思，甚至有人对我表示同情，认为成天教这些陈芝麻烂谷子的事太过无趣。历史教育到底魅力何在？对我个人而言，历史教育最大的魅力就在于从事历史教育13年来，我一直深深地为自己的事业所吸引，没有倦怠、没有迷惘，每天都在孜孜以求的过程中享受着教学相长、用生命影响生命的幸福感。

历史教育的魅力首先就在于它是历史与教育的合体，它兼有着二者的精华。历史学科是广博的、精深的、生动的且富于借鉴性的；而教育绝不是简单的知识传授，而是在文化传承的过程中对人的灵魂的唤醒。所以，我所理解的历史教育就是一个以博大的历史为镜去唤醒学生灵魂的过程，是一个通过古今中外的生动对话，用无数鲜活的生命去影响生命的过程。同时，历史教育还是一个学生与教师双赢的过程，在这个过程中师生都将收获到影响其终身发展的广阔视野，认知深度和价值情怀。

历史教育的魅力在于它是一个不拘于形式，不限于环境，随时随地皆可发生的过程。一方面历史的丰富性决定了历史课堂教学形式的多样化，教师的娓娓道来，学生的激情演讲，小组间的激烈争论，历史剧的精彩演绎都可以成为历史课堂教学的方式，增加历史教育的趣味性。而另一方面历史的广泛性则决定了历史教育的发生

---

① 作者简介：张子琴，北京市特级教师工作室项目2018级学员，工作于人大附中分校。

绝不仅局限在课堂。我们身边的遗址、古迹、博物馆，甚至是一砖一瓦都为历史教育提供了丰富的素材，创造了生动的教育情境。多年来，我从初中到高中一直坚持给学生开展“且行且思——走进身边的历史”系列实践活动，推动学生利用每一个假期探究一处身边的历史。当我的学生做好了充分的行前功课，带着探究任务走进故宫、颐和园，走进各大博物馆和纪念馆，走进孔庙、国子监、钟鼓楼、天坛、先农坛，走进胡同、四合院时，当他们在这些活化的历史面前观察、思索、感悟时，文化自信、家国情怀无须灌输已油然而生。正如我的学生在“且行且思——故宫行”后写道：“古旧的城墙、沧桑的殿宇甚至一砖一瓦、一草一木……故宫的每一处风景都是中华文化的瑰宝，看着这蔚蓝天空下的紫禁城，我曾有一瞬间的恍惚，恍惚以为自己回到了过去，在严冬的暖阳里，朦胧的我好像看到了那个时代的精彩华章！”历史本身的深厚与博大赋予了历史教育鲜活与深刻，不着痕迹地给予学生文化滋养，便是历史教育的魅力所在。

历史教育的魅力还在于它是一个不拘于长幼，需要在师生间的思维碰撞中实现教学相长的进阶过程。历史的博大决定了历史教育没有止境，也敦促着每一个有责任感的历史教师孜孜以求，不断去进修学习，努力增加自己的知识储备(想给学生一碗水，我们自己的储备就要远不止一桶水)。但是，在日常教学实践中，必须承认历史教师也存在眼界不广、认知不足的问题。而这时候，我们的学生将会成为弥补教师不足的最佳后备军。只要老师给予学生足够的信任，给他们充分发挥的空间，学生往往会给教学带来极大的启发和惊喜。我曾请去过都江堰的孩子到黑板上画图讲解其精妙设计；请去过敦煌、卢浮宫的孩子来当小导游；请精通物理的学生来分析赵州桥的力学原理，探究它千年不倒的原因；请律师家庭的孩子讲《拿破仑法典》的影响力；请军事迷的学生讲一战、二战的经典战例……学生们的表现都比我单调的讲解精彩百倍。所以，历史教育的魅力就在于它是一个充满师生间、生生间灵性互动的过程，当教师用一颗谦虚、赏识的心去发现、挖掘学生的潜力，就会给教学带来更多灵感，使师生间的思维火花发生碰撞，使我们的教育因教学相长而激情四射！

历史教育的魅力更在于它是一个寓德育于教学中，润物细无声的“成人”过程。因为历史教育的本质就是通过历史学习对人产生独特影响的过程，这个过程在潜移默化间就会促进人达观向善。在这些年的教育教学中，我最引以为傲的绝不是有多少学生考了高分，而是在我的日常教学中通过历史学科对学生的为人处世产生的积极影响。记得我教的第一届学生是我校初中第一实验班，孩子们个个是“人精”，智商一流，但自我意识也特别强，以至于在课堂上个别学生只重视表达自己的意见，却缺乏聆听能力。在日常交往中，一些孩子也因为不懂得欣赏别人和不善于接受别人的意见而导致同学关系紧张。针对这些现象，我在教学时就特别注意用历史实例对他们进行引导。我了解到他们对周总理很崇敬，就在课堂上给他们讲述了周总理以“求同存异”为原则在万隆亚非会议上为中国打开外交僵局的故事，让他们理解到同学之间就像国与国的关系一样，即使观点有所不同也要以博大的胸怀去聆听不同的声音，去寻求彼此的共性，学会取长补短。在讲到唐太宗重用魏徵，虚怀纳谏，终成“贞观之治”时，我就用“以铜为镜，可以正衣冠；以史为镜，可以知兴替；以人为镜，可以明得失”这句名言让学生展开充分讨论，重点让他们畅谈以人为镜的意义，让他们理解同学之间提意见未尝不是件好事，要善于从别人的意见中去发现自己的不足，让他们慢慢学会去欣赏别人，学会纳人悦己。多年以后，这些孩子都考上了一流的大学，他们回校看望我时都感叹很多历史知识已然忘却，但“求同存异”“以人为镜，可以明得失”这些话却永远烙在了他们心中。我想这就是历史教育的魅力——在古今中外的交流对话中，历史人物的智慧、胸怀和精神都会内化到学生的血液里，对学生的心灵产生“春风化雨”般的浸润作用。它给予学生的不是刻意的教条式的价值观念、道德规范，而是使其受益终身的人生领悟。成才有形，成人无价！当我们抛开世俗功利，去细细静思品味时，就会发现历史教育的无穷魅力。

历史教育的魅力更在于历史教育是一个联结着个人—家庭—民族—国家—世界的载体，是一种家国记忆的保存，是一种民族精神的传承，是一种国际理解的情怀。在每届高二的寒假我都会给学生布置一份特殊的实践作业，要求学生利用假期采访自己的祖父母或父母辈，完成一份主题为“我的______所经历的____________”的口述史访谈记录。这份作业需要上交访谈录音，并在记录文末附上学生与受访者的合影以及学生完成这份作业的感想。设计这份作业的初衷很简单，就是希望借机让学生多与家人交流，体验做历史记录者的感觉。今年寒假，在特殊的疫情时期，学生还是通过网络按时上交了他们的这份作业。这两天，我一边听着学生的访谈录音，一遍整理着他们的访谈记录，内心是满满的震撼和感动。学生们在访谈感想中写道：

“这次访谈让我对历史的另一个维度有了进一步的了解，即每天都是历史，历史存在于平凡之中。听姥姥讲过去的事，耐心的讲述让纸上的文字有了温度，这个过程不仅是对我们所学历史的完善，也赋予了历史更多人情味。”

“这是一次有意义的历史学习。七十多岁的奶奶用最朴实无华却也是最真实的话语诉说着那段过去的岁月。她曾生活在那个时代，那个已经逝去了的，我永远无法亲身触及的世界。那是她的青春，像我这般年纪时，她同中国一起经历了苦难、挣扎，又在迟暮之年看到了如今的繁华。我在她的回首中看到了那段历史最稚嫩、不加雕饰的模样。我想说每个人的每一天都是历史，每一个维度、每一刻都值得被如此温柔的方式记录。”……

失忆的民族是可怕的，缺乏文化认同的国家是可悲的，而历史教育的魅力就是在保存、传承这些点滴记忆的同时，促进学生对家人、对国家、对世界的理解和尊重。因为懂得，所以慈悲。

以上就是我所感悟到历史教育的魅力，这份魅力也给予了我不竭的工作动力和坚定的教学信念。我真心希望能够通过自己的学科，用自己不断完善的生命去影响更多的生命向上、向善、向美，让他们也都能感受到历史学科的独特魅力。

走进历史又走出历史

隋　凤[①]

“学历史有什么用?”第一次听到学生这么问，记得当时我蒙了。刚工作四五年，终日埋头于繁杂的教学事务和浩瀚的学科知识，对这个问题未有预期，也从未认真思考过。当一番搜罗后，我告诉学生“学习历史可以了解许多古今中外的大事，可以扩大知识面，可以增长见识……”时，学生无动于衷：这种老掉牙的教导听太多了，老师们都这么说。

反思师生沟通如此障碍的原因，我认为应归咎于当时自身定位的不准确：作为历史教师，不仅是历史学科知识的传播者，还应是有温度的历史宣讲者，更应是历史学科思想方法的引领者，甚至是学生完整人格的塑造者。如果缺乏这种远见，估计历史教育教学就只能一直停留在技术层面。

历史课堂的特别之处在于仿佛总和过去打交道，距离感强烈。打破历史的距离感，是许多老师努力做的事，其努力的目标可分为三个阶段：第一阶段，让学生“走近历史”，感觉到历史触手可及，不是一堆冷冰冰的时间和事件的堆砌；第二阶段，让学生“走进历史”，能设身处地对某个历史情境进行解释，对历史充满温情的理解；第三阶段，让学生“走出历史”，能运用历史的思维方法审视问题、解决问题。历史教育者，就好比游泳教练，不光自己会游，还

---

① 作者简介：隋凤，北京市特级教师工作室项目2018级学员，工作于首都师范大学附属中学大兴北校区。

要把怎么学会游泳、泳姿怎么能更标准、速度怎么能更快分享给学习者，最后双方能共同领略在水中自由游弋的快乐。而对于学习者，能把游泳的技能再教给别人或者迁移到其他技能的学习，则是更大的收获。

很庆幸，在从教的每一个年头里，总能遇到发自内心喜爱历史学习的学生，他们炙热的渴望眼神和学习热情让我体会到工作的价值和意义。回想课堂教学的一些片段，仍然记忆犹新：

细节 1. 妈妈爱唠叨、爱买包，爸爸更沉稳冷静、富有远见，这是怎么回事？

教学内容与意图：原始社会分工。女子从事采集，一边摘果子一边进行语言交流，盛放果实的容器逐渐演变成今日的“包”。男子从事狩猎，危险系数高，需众人协作，练就临危不乱、瞻顾大局的性情。乍一听到问题，大部分学生虽有同感但深感茫然：历史课说这个干吗？最后明白答案：这就是历史啊！妈妈爱唠叨、爱买包是命中注定并且代代相传的。通过历史与现实联系的建立，缩短了学生的历史距离感，体悟到历史的变迁传承的功能。

细节 2. 部分同学在本次考试失利后受到了父母的责备。不介意的话，谁能说说父母怎么说你的？

教学内容与意图：复习课专题——历史中的“原因”。结合具体史实，知晓促成历史事物出现的原因是多方面的，有根本原因、直接原因；有内因、外因；有统治者的原因、地理环境方面的原因、民心所向的原因、国际环境的原因，等等，并能够判断分析。如果只找到一个原因，必然暴露出审视问题的视角的单一片面。

面对问题，学生们最开始是模仿父母的语气语调，教室内充斥一阵调侃、斥责之声。学习完历史中的“原因”专题以后，引导学生想象：当你们日后也成了父母，面对自己孩子的考试失利，有没有更科学更暖心的表达方式呢？

于是学生们学以致用地表达：你最近是不是心理压力大；我经

常出差对你关心不够；换了新老师，她的教学风格一时不易接受……

我不失时机地讲：学了历史课上的这个专题以后，咱们考虑问题的视角更多元，哪怕是气急败坏的时刻也不会只朝一个方向喷火。历史学习的成败，切切实实地关系到你以后的家庭和谐和育儿成效。

细节 3. 设想一下：你没了记忆会怎样？如果你的家人也没有了记忆呢？

教学内容与意图：七上导言课。第一问，学生不明就里地带着嬉笑假设。第二问，有同学认为没有了记忆，家人之间形同陌路，亲情不在。大家赞同，课堂气氛严肃了一些。第三问，“如果一个民族，丧失了记忆呢?”学生们陷入沉思。教师此时出示龚自珍语：“欲知大道，必先为史。灭人之国，必先去其史。”讲解以后，学生内心认同历史承载着家国情怀，传承民族基因。对于端正学习态度并明确历史学习的重要性和必要性，有着不言自明的启示。

综合上述几例，历史教育的魅力在于“走进去又走出来”。学生从历史中汲取营养，这些养分一点一滴地汇聚、流动、融合，最终变成学生自身志趣、性情、气质的一部分。历史课堂上，我们通过教学教导青少年追本溯源、多元视角、汲取借鉴、民族大义。当青少年渐渐长大，踏出校门，他们依旧秉承曾经在历史学习中获得的思想方法，追本溯源，就不会断章取义；多元视角，就不会意气用事；汲取借鉴，就能取长补短；民族大义，就会保持正义良知。还有重视证据，谦卑审慎，即便身处高位亦不会在自己不了解的领域妄下断言。写到这里，分外觉得历史真好，我、我教的学科和我教的学生三者紧密相连。

历史教育的魅力，一直在那里，很大程度上取决于你教好抑或教不好。从教十余年，我一直在初中学段任教，知识框架存在缺漏，教学理论水平有限。但心中有敬畏，眼中有学生，这一点不敢有丝毫怠慢。而且面对十二三岁、十四五岁的孩子，在依托历史史实的基础上，我也尽拉拢之势，比如常说的课堂语言：

粗心大意、骄傲自满不是我们历史人的特质。来，看看今天谁是思维缜密、虚心好学的那个……

历史课堂的氛围是严肃的，历史的广博面前凸显我们的浅薄和渺小，要谦逊、要努力……

历史的定律不明写，我们能用功几分，便能领略到几分，历史也就能喜欢上我们几分……

……

感受历史学科的魅力，强化历史学科的认同，不光是教师应做的，也是应该让学生体悟到的。因为这才是教育的真谛和价值所在。我愿继续引领学生走进历史又走出历史，共同体悟这历史的魅力。

永远会热泪盈眶

石　岩[①]

春节前我收到十年前学生写给我的一张卡片："石老师，永远年轻，永远热泪盈眶！"这张贺卡让我回忆起我跟那届学生之间的教育故事。记得我在讲辛亥革命一课革命先驱的艰辛、无畏和震撼演讲时，我情不自禁地流下了眼泪。

历史对于我来说，是融入生命的挚爱。我的历史知识启蒙来自我的祖母。祖母是江苏徐州人，幼年父母双亡，与哥哥相依为命。读过女校，做过女工，参加过抗战，也是新中国最早的一批妇产科医生。我自幼长在她的膝下，听她一遍遍地讲述她和她的家族、我的祖父、我的父辈的经历和20世纪的时代变迁。我至今还记得，她出生于民国五年，她说应该是1916年，告诉我怎么换算纪年方式。我十岁时祖母辞世，但将一个普通知识女性视角中的中国近现代史深深烙进我的脑海中。我读小学时五六年级就开始有历史课，中小学时代我如饥似渴地翻着历史教材，开学发下来就读很多遍，上课时已经倒背如流。我记得课余时间我读得最多的是《三国演义》和《南唐演义》等历史小说，高中时就读过刘宗绪先生的《世界近代史》。高考时我坚持自己的想法报考了历史系。那时的历史学科绝对是冷门。上大学后，我如愿以偿每天泡在图书馆里读书，如饥似渴。上专业课总是坐在第一排，大一尝试写作了历史论文《论墨家学派中绝的原因》。读研后，我在导师的指导下选择了"从史著到史

① 作者简介：石岩，北京市特级教师工作室项目2019级学员，工作于北京市第八十中学。

论——明清之际的史学嬗变”的选题。在长达一年半的时间里，我每天去北海公园旁边的国家图书馆古籍部用铅笔抄书，做了大量史料辑佚，点校了朱明镐《史纠》。工作以后也是矢志不移，继续研究我的选题并发表了4篇核心期刊学术论文，撰写了大型志书《长城志》文献卷明代部分。我能在繁忙的中学教学中坚持历史研究，那是源自我对历史和历史学的真情。

歌德有一句脍炙人口的话：“人们从历史那里得到的最好的东西，就是它所激发的热情。”在十多年的工作中，我非常注重用历史教育激发学生对生命和生活的热情，而且不仅限于在历史教学中。在历史学科生涯规划课程中，我用五四运动学生的选择来激励学生应该怎样做选择、做好人生规划，用西南联大师生的八千里云和月告诉孩子们没有一代人的青春是容易的；在班会课上，我用先贤的遗嘱、墓志铭等史料做好学生的生命教育，用诸子文献阅读来培育学生的浩然正气；在走进博物馆和抗战遗址的博通社活动中，我让学生诵读自己对烈士的缅怀，对历史的敬畏，对未来的热情；在历史课堂上，我从人物的言行入手，潜移默化地去传导价值观，教会学生思考，做好价值判断，明确对错善恶，培养历史意识。

然而，如何把我心中的挚爱传递给学生？如何让历史走入人心？我初进第八十中学，组长张韬老师告诉我，作为历史教师，在历史教育中首先要有情感投入，要深入历史。为此，我谨记在心。如前文所述，我在讲述革命者们屡败屡战的武装起义、林觉民的《与妻书》和孙中山先生最后的震撼人心的演讲时，热泪盈眶。我讲“抗日战争”一课，从抗战英雄入手，声情并茂地讲述那段全民族抗战的悲壮往事：杨靖宇、赵一曼的铁骨铮铮、家国情怀；谢晋元、姚青山的孤军奋战，慷慨从容；叶挺的半生流离，坚定信念；童子军的坚毅目光、英勇无畏……学生说：“我们心中会牢牢记住：英雄是民族的脊梁，道义是国家的担当！”讲述法国大革命和启蒙运动时，我首先写了一篇对伏尔泰的思考：

巴黎是热爱文化的，法国大革命前，巴黎大学在全法国有500个分院。正是这样强大的文化思潮影响，法国的君主和贵族们附庸风雅，他们以与学者们探讨文学艺术思想哲学为乐，伏尔泰即是其中的伟大代表。作为法国人，他爱之深、痛之切，猛烈地抨击旧制度，多次与法国当局发生冲突，但是他每每化险为夷，受到君主贵族乃至平民愈加的拥戴。他顽强地引领着欧洲启蒙运动，他也是欧洲多位君主的好友，他与许多思想家一样，在那个看似专制的时代享受着无限风光。

伏尔泰死后迁葬先贤祠，他的墓碑上刻着："他使人类懂得：精神应当是自由的。"

学生听后不无感慨地说："正所谓'无尽的远方，无数的人们，都与我有关'！"

当然，历史教育如果仅仅感染学生，传递情感是不够的，还需要培养学生置身历史情境，移情换位思考的能力，也就是我们通常所说的"共情能力"。2019 年 9 月，我作为历史教师参与在中山堂前殿展示跨学科现场教学课——"协商民主建国之路"。这是新中国成立 70 周年和新政协召开 70 周年之际，在北京中山堂这一历史遗址进行情境再现，带着学生们重返历史现场，再现协商民主建国的历程，用好教育契机，讲好中国故事的教学尝试。这节课主要由学生角色扮演历史人物讨论协商和教师的深情讲述和讲解构成。学生作为历史的"参与者"，不再是简单地记忆历史概念，而是走进历史遗址，置身历史现场，通过自己阅读史料，发现问题、解决问题，理解建国先贤的艰辛与执着，深刻体会到青年一代的历史使命感和社会责任感。共情是学生在历史学习中了解他人、洞察世情的重要能力，是能够迁移、终身受益的历史高阶思维。在共情体验中，学生产生了深刻的感情激荡、令人回味的沉思和内化了的核心素养。

历史教育有其独特的价值和功能，每一段历史的背后，都有无数个生命的跌宕起伏，无数个家庭的悲欢离合。当我们拉开历史的帷幕，看到的应该不仅仅是历史抽象的过程，更应体味到鲜活的生命和温暖的人性。这样的历史，才是有质感的历史，有温度的历史。在历史教育中，教师组织活动，促动学生与历史产生共情，走近历史人物，用当事人的视角去贯通古今、理解历史、评判历史，不仅是落实教学目标的需要，是健全学生人格、涵养家国情怀的重要途径，也是历史教育的魅力所在。

想起这些，我真诚地回复学生的贺卡："我会一直爱历史，永远会热泪盈眶!"

共同喜爱与传递的快乐

罗含娟①

转眼毕业已将近两年，曾经在首都师范大学读书的情形历历在目。如今成为一名历史教育者，对于中学历史教育有了更加深刻的见解。历史是过去一切发生的事情，范围十分宏大，对于它的定义也有狭义和广义之分。历史教育则不同，它是以教授历史知识为基础，以育人为目标，和学生发生互动作用的一个过程，需要历史教育工作者用心去感悟，用情去体验，用智慧去创造才能让教育发生的过程。

读书时，导师杨朝晖教授的历史教学论课程给我最大的感受是，作为一名将来的历史教师，或许最初我们没有丰富的教学经验，但我们必须在内心树立一个良好的信念，使我们变得非常强大，强大到足够去面对在中学的困难。在我看来，历史教育的魅力不在于我教会学生多少知识，而是我即将要带给他们的是一种什么样的历史体验，带给他们什么样的更有价值、有意义的东西。如今深入历史教育一线，我想我的初衷仍旧没有改变。

那么历史教育的魅力到底在哪里呢?

从小我就喜欢历史，还记得幼时读少儿版《中华上下五千年》的津津有味。我坐在小板凳上“啃”了半天，它是我在那之前从未接触过的东西。我被里面的故事吸引，它仿佛是我以前读过的小人书、连环画那样，十分有趣。读到初中，我终于可以学习历史。我仍然

---

① 作者简介：罗含娟，首都师范大学教育学院2016级教育硕士，现工作于西安博爱国际学校。

记得很清楚，那是位男老师，上课时很多孩子调皮扰乱课堂秩序，而我仍旧听得有滋有味，听他讲以前的事情是那样有趣，或许从那时起我就深埋下成为历史教师的种子。读到高中，我就更甭提有多喜欢历史课了，每次历史课都是我最精神的时候，听那位女老师在讲台上侃侃而谈，我越发觉得自己喜欢历史，喜欢它的故事，也喜欢它背后的智慧。我希望有一天我也像我的老师一样，站在讲台上为学生讲着喜欢的历史，那将是一件多么幸福的事啊！我想只要能够做自己喜欢的事就会很快乐，所以那时候的我觉得历史教育是一件快乐的事情。

如今成为一名历史老师，和学生在一起学习历史，站在我一直向往的讲台上，我才真正感觉到快乐和幸福。在课堂上，我不只教给学生历史知识，也教他们从历史中学智慧，还会经常和孩子们分享我读历史书时的开心事。或许是我时常和孩子们分享历史趣事，或许是我时常给他们推荐关于历史的微信公众号，我发现一些孩子也渐渐地喜欢上历史……

现代生活的节奏非常快，我会经常关注一些历史公众号，在朋友圈分享一些历史类文章、图片。我记得非常清楚：刚工作的时候教八年级学生甲午战争一课，凑巧那天甲午海战沉舰“经远号”被发现，我当时特别激动，迅速在朋友圈转发了这条信息。结果，慢慢地我的朋友圈被一些“小朋友”盯上了。一名初三的学生告诉我：“老师，我特别喜欢您的朋友圈，每次转发有趣的历史事件，我们同学也很喜欢您转发的历史知识，希望您以后多多转发。”我当时听见这句话特别开心，原来这就是历史教育的独特魅力——把我对于历史的热爱、对于历史的兴趣传递给了孩子们。

此外在课堂中，我会设计一些活动和孩子们一起实践。在讲授部编版七年级下册历史第一课“隋朝的统一与灭亡”时，我设计了一个“我是小小主持人”的教学活动，即假如你是“感动中国人物”的主持人，请为“大运河”写一段颁奖词。以下节选两个孩子的颁奖词。

贯通南北大运河，北抵涿郡南余杭。三点四段连五河，此生无悔入华夏。

——西安博爱国际学校初 2018 级 3 班施宇轩

运河之大世界见，究其作用通古今。三点四段与五河，造福千秋中国人！

——西安博爱国际学校初 2018 级 2 班王博文

从字里行间中，我能深深地感受到孩子们对于大运河的热爱。我想应该继续把这种对历史的爱进行传递。于是我在教授部编版八年级下册历史第一单元第二课“第二次鸦片战争”时，又布置了一项课后作业：请同学们试着用富于感情的语言，简述第二次鸦片战争。要求史实真实充分，有史有论，字数 200 字左右。以下是一位同学的作业：

在一个美丽的东方国度，有一座由人民心血与智慧凝结而成的瑰宝。但在 1860 年，两个叫作法国和英国的强盗闯入这里。皇帝落荒而逃，丢弃了他的臣民。美丽的圆明园被熊熊大火焚烧了一切。那是一个极度阴沉的日子，充满泪水与耻辱的日子。它似一把利剑，穿入人们的心脏，用鲜血描绘了一个残酷的道理：落后就要挨打。

——西安博爱国际学校初 2018 级 2 班刘文琦

以上两则课堂实例，无论是对大运河的感情也好，还是对于第二次鸦片战争的痛恨也罢，都是实实在在由学生感悟生发出来。这种情感和认识会进一步影响学生的价值观、世界观，对于他们今后的人生道路都是一笔财富。

杜威认为，教育是生活经验的传递。原来在历史课堂中，我教给孩子们历史知识，教给孩子们对历史的热爱、对历史的兴趣，这些都是我对于历史的情感和体验，而这种传递的过程就是历史教育。这是我感到特别开心、特别幸福的一件事。历史教育带给我的快乐是不同的，它是一种互动的快乐，一种传递的快乐，这种快乐有学生和我分享。在某种程度上，学生仿佛是教师的孩子，当我看着他们一点一点成长，那是一种别人所不能够理解的快乐，它不是父母和子女之间的快乐，也不是恋人之间的快乐，这种快乐叫作师生情。

历史教育的魅力有很多，每位历史老师都有自己的经验，而我认为历史教育的独特魅力在于它能够给我和学生带来快乐，希望我能一直延续这种快乐，延续对于历史以及历史教育的热爱和兴趣。

第六章

追求与成长

历史是人类的教师。

——[德]赫尔巴特

历史给予我清醒通透的生活

段明艳①

2018年，北京卷历史高考题以法国年鉴派史学大师马克·布洛赫之子的历史学终极之问——“历史有什么用”为情境，出了一道非选择题，要求考生“结合中国近现代史的内容，谈谈历史对你有什么用”。很多考生作答时都从国家和民族角度大谈历史的重要意义，却忽略了题目设问中的“你”，未能从个人角度作答，因为回答角度的偏差而影响了得分。

历史有什么用？这是所有学习或研究历史的人，甚至不学历史的人都会问的一个问题，对这一问题的回答也是见仁见智。西方史学大师马克·布洛赫《为历史学辩护》从历史哲学高度的回答被后人誉为“年鉴派史学的宣言书”。柯林武德、布罗代尔、德罗伊森等大师的史学理论中也有历史功能的相关论述。国内著名的当代学者中，北京大学的阎步克、高毅、王新教授，复旦大学的葛剑雄教授等，在历史系新生入学时，从国家和个人层面对历史学的功能都有所阐释，给历史学子以很好的引导。

再想想自己，作为一名有着二十多年教龄的历史教师，教历史从谋生的职业逐渐变成挚爱的事业，除此之外历史对于我的人生还有什么用？用一句话概括：历史让我个人的人生更幸福！这种幸福不是金钱的获得，不是物质的享受，而是在教授历史的过程中我对自然、对社会、对自我有更多的了解，从而活得更清醒、更适从、

---

① 作者简介：段明艳，北京市特级教师高级研修项目学员，工作于北京汇文中学。

更自在。

历史助我明晰人与自然的关系。人类的生活无论物质的，还是精神的，都离不开自然，但人类对自然的认识以及人类与自然的关系却有着漫长的演进历程。上古时代，人类对自然有着无意识的敬畏，当人类文明“轴心时代”到来时，东西方的思想家都不约而同地思考人与自然的关系。希腊的自然哲学家们从人的观察视角解释万物的生成，春秋战国的思想家们也提出了各不相同的天人关系理论。老庄的道家讲求应顺从自然，荀子“制天命而用之”的主张要改造自然，董仲舒的“天人感应”将自然外貌的人格神与人建立了关联，理学家以“天理”将自然与人伦统协。在理论上，古代思想家们对天人关系有多种多样的理解和阐释，在日常生活中，却突出表现在农耕方式对自然的开发。从铁器的使用到各种农业生产工具的出现，农业生产将原始文明下人类从大自然直接获取食物的途径转变为有规律、可持续的收获方式，人类对大自然有了越来越多的开发和利用。工业文明到来后，人类一味地追求经济发展，无节制地向大自然索取资源、破坏生态环境。人类中心主义造成一系列自然环境恶果：酸雨、大气污染、海洋污染、水污染、温室效应等问题纷纷涌现。当前，反思工业文明下人与自然的紧张关系，国际社会一致认同要建立人与自然和谐共处的生态文明。我们赖以生存的自然不仅是人类生命存在的环境，更是人类精神寄托的港湾。了解人与自然关系走过的历史，让我更加深刻理解生态文明建设的重大意义，更好地从自我做起，热爱自然、保护自然。日常生活中，我尽量节约水、电等资源，尽量减少塑料制品的使用，废旧电池、纸类、厨余垃圾严格分类。作为普通个体，只要心中有自然，有环保意识，人人都可以为人与自然和谐共处、为子孙后代可持续发展做出自己的贡献。

历史助我理解现实社会。鉴古察今是历史学科独特的传统，也是历史学的魅力之一。我们今天的社会面貌大多可以从历史上找到影子。例如我们今天的地方区划可以上溯到战国时期，在兼并国家较多、面积相对广大的秦和楚，较早出现了县、郡；今天的“省”当然与元朝的行省制有渊源。又比如，有些人不理解为什么在西方国家普遍实行议会制，而中国却是人民代表大会制。如果熟悉西方代议制演变的过程，就会理解为什么西方的今天是这样的制度。同样，如果了解中国共产党在国民大革命时期的农民协会和罢工工人代表大会、土地革命时期的苏维埃代表大会、抗日战争时期的参议会、解放战争时期的人民代表会议制、1949 年新政协的成立、1954 年一届全国人大的召开，自然就明白为什么我们现在实行的是人民代表大会制。同样，历史可以帮助我们明晰今天的国际社会。例如，了解二战中苏联吞并波罗的海三国(爱沙尼亚、拉脱维亚、立陶宛)的历史，就会理解为什么苏联解体时这几个国家最先闹独立；熟悉从欧共体到欧盟，英国对欧洲联合爱恨交加、犹疑踌躇的参与历程，就容易理解为什么英国会选择脱欧。历史与现实紧密相连，知晓历史，才能看清当代。

历史给我丰富的人生启迪。古罗马政治学家西塞罗认为，一个人如果对自己出生以前的历史毫无所知的话，这个人就等于没有长大。历史助人成长、成熟，增益智慧。以历史人物为例，教科书里有政治人物、思想家、科学家、军事将领、英雄模范等。无论哪类人物，了解他们的事迹就如同回到“历史现场”跟他们对话，跟他们一同经历跌宕起伏、重要抉择、奋斗经历、冥思创想，他们的成败对后人要么是经验，要么是教训，都会丰富我的生命体验，增益我的人生智慧。人心向善，历史人物高尚的道德人格、良好的精神风貌对后人都有感染和滋养，即便我不能向历史人物那样推动社会，也可以立足现实做些对社会进步有益的事。

历史还给予我思考问题的方法。学历史、教历史都离不开客观、公正、多角度、多层次、辩证分析，这种思维习惯和思维方法教我在生活中不盲听一面之词，不站在唯我的立场看待人和事，或者说让人更宽容、豁达、大度。历史长河拓展了我看问题的视野，面对生活琐事，少看眼前得失，多看长远发展。历史是真实客观的，学历史、教历史的目标之一是了解真相、追求真实，久而久之，求真、求实就会成为生活态度和生活规范。历史的复杂性、价值判断的多元性，都启发我在生活中要看到事情的多维度，尽量不用一个模式、一个标准去衡量具体的人和事。上述这些，都是历史给予我的个人领悟和生命体验。

历史教育给予我清醒、通透的生活，此为我对人生幸福的界定。作为师者，把这些幸福的感受传递给学生，我想，这也不失为一种历史教育的魅力吧。

放下傲慢，正视自我

盛宏意[1]

从2005年研究生毕业后入职为中学历史教师，至今已近15年。初入职的时候，我并没有想过要当一辈子的历史老师。现在这么多年过去了，自己毕竟是坚持下来了，虽然没有太大的成就，却也乐在其中。想一想，也许是该给自己一个交代了：这份工作对我到底意味着什么？是什么吸引我不断地投入其中？

首先，历史教育于我是一份特殊的责任感。这份责任感最初是模糊的、不自觉的，越到后来越清晰、强烈。当我意识到它的时候，我有了一种前所未有的踏实感。

记得一位业界前辈曾说，对多数人来说，很有可能中学的历史教材就是他们最后读过的历史书，或者读得最认真的历史书，我们的教学要考虑这一点。这话简单、朴素，也包含了一些沉重，给我印象很深。

我想现在我能理解这位前辈的关切。绝大多数的人都不可能像文史专业工作者那样去读历史书、思考历史问题。但历史关系到很多大是大非，这些大是大非会影响几乎所有人的思维方式、价值判断，影响人们对社会、国家与世界的认识，进而影响人们的生活感觉，甚至是幸福感。这是其他学科所不能取代的。中学历史课堂，有可能是很多人一生中接受历史教育最重要的阶段和空间，这绝不是学一些知识、掌握一些技能和通过几个考试那么简单。

---

① 作者简介：盛宏意，北京市特级教师工作室项目2018级学员，工作于北京汇文中学。

在网络、自媒体都成为传播历史知识载体的时代里，人们接受历史信息的渠道多元化了，关于历史的讨论、争论也就空前活跃了。有一段时间，历史上很多至关重要的事件、人物，都被激烈争论过，问题也层出不穷。一方面，真正严谨、专业、理性的说法总是被淹没，受人追捧者往往文风浮夸，甚至为制造某种效果而罔顾事实。另一方面，网络争论日益形成派系阵营，对立阵营之间口诛笔伐，大有非此即彼、党同伐异之势。就是在这个阶段我发现，网络讨论的低俗化、极端化极易对青少年造成负面影响。

正是这种负面现象反向激发了我对历史教育重要性的认识，让我意识到中学历史课堂是一个重要阵地。历史课堂必须守住底线，杜绝对历史浮夸、轻佻的态度，注重培养学生理性、审慎的历史思维，在培养学生世界视野的同时，加强对中国历史文化的认同和对当代中国的自信。这些是我近年来努力做到的，我自感也是有效果的。

其次，我发现自己的诸多兴趣爱好可以运用于历史教学工作，工作和个人爱好之间相得益彰，让我享受其中。

我初入职的时候，自感是有些不务正业的。工作大致也能过得去，心思却不总在教学上，很多学生时代的爱好一直保持着。业余时间，看文史类的书固然不少，教学专业类书籍、文章却很少看。爱上网，关注网络热点、论战。那时候也还是个半吊子文艺青年，读小说、看电影、追电视剧、淘光碟，偶尔写点小评论以自娱。似乎工作是工作，生活是生活，两不相干。

但是，随着工作经验的增加，随着我对中学生群体了解的加深，我发现自己平日的爱好对历史教学都是有帮助的，把自己感兴趣的东西拿来与学生分享、交流，这个过程学生喜欢，我自己也很享受。

比如我自己原来是很爱读小说的。后来发现，要深入理解一些经典小说往往需要具备一定的历史知识与理解能力，反之小说的阅读也有利于理解历史。带着这样的想法我曾在高二年级开设选修课“近现代文学名著导读”，带学生阅读的篇目有鲁迅的《伤逝》、张爱玲的《金锁记》、余华的《活着》等。这门课的开设，推动我去了解和研究近现代文学史，自己很长见识。课堂上学生之间的探讨也经常碰撞出火花。记得在讨论《活着》的时候，我问学生：福贵失去了所有亲人，为何结尾处看着还那么怡然自得？作者为什么用这样看似轻松的笔调去描写这位极度不幸的老人晚年的生活状态？好几位同学都表示自己在那种状态下是没有勇气活下去的。但有一位李同学的想法与众不同，她说：主人公福贵很惨，但如果像有人说的那样就去死了，那才是逃避啊。活着，不抱怨、不诅咒，才是最有力的抗争！那一刻，同学们都为她击节叫好，我自己也非常兴奋。这让我觉得自己开这门课特别值得。

这位李同学成绩优异，大学毕业后禁受住高薪诱惑，回母校当老师，成了我的同事，现在是一名优秀的青年教师。

而在“文史经典导读”选修课上，我带学生阅读柏拉图的《理想国》、马基雅维利的《君主论》、霍布斯的《利维坦》等经典文献。这些都是我自己非常有兴趣的书，拿来与学生分享、解析，于我个人是享受，学生也非常喜欢。我与同学们在课堂上下的讨论，一幕幕成为大家共同的美好记忆。有的学生因此而选择在大学学习哲学、政治学，至今有的学生还跟我保持联系并经常探讨问题。

这样的例子很多。总之，我发现只要自己心态足够开放，教学工作和兴趣爱好之间不仅没有矛盾，反而会相互成就。我做到这一点了，我很享受这个过程。

再次，历史教学带领我走出了一些误区，走向了一个全新的自我。

初入职的时候，我认定一个历史老师最重要的素质就是要有足够的历史专业知识。那时候最担心的场面，就是上课的时候学生问的问题我答不上来，没有勇气说“不知道”。因此，那时候我很愿意读大量文史书籍，希望能做一个“百科全书式教师”。至于说教学方法，我内心是轻视的。历史的学识是“道”，教学方法、基本功这些都是“术”，是技术层面的东西。孰高孰低，是很清楚的。

现在想来，这何尝不是一种傲慢，一种懒惰？傲慢，在于自己不愿意放下身段，去研究技术层面的东西。傲慢，还在于自己不愿意主动接近学生，了解学生的需求。懒惰，是自己不愿意走出心里舒适区，看到自己的不足。

随着教育教学经验的增加，我才慢慢意识到，要跟中学生进行有效沟通，需要降低姿态，教师不能总是高高在上。青少年的认知发展是有阶段性、有规律的，教师绝不能无视。有一个阶段我总是回想自己中学、大学的老师，想起当年在不同老师的课堂上，自己对老师讲课的感受也是很不一样的啊！学生不是机器，你输入什么他们就接受什么，学生也是有感受的，每个学生内心都有一杆秤！我们教师也有开会、听报告的时候，最烦的不就是那种台上自我陶醉、台下不知其所云的情况吗？教师讲课如果完全不讲方法和套路，往小处说难以实现教学效果，往大处说是不尊重学生，这样的教师也难以得到学生的接纳。

后来，当我面临教育自己孩子的困境时，这个认识进一步强化了。要达到一个目的或者效果，用不同的方式、方法、套路，结果会大相径庭！这个浅显的道理，我悟的时间可能是太长了。但我毕竟认识到了！我开始阅读心理学、教学法方面的书，以弥补自己之前视野的不足。在跟学生交流的时候也敞开心扉，了解他们的真实想法，以此作为改进工作的动力。更积极地与同事探讨教学，寻找更为合理有效的教学方法。从前那种做“百科全书式教师”的幼稚想法也烟消云散了。

放下傲慢、正视自我，不仅能让我的历史课更好，也能让我放下很多思想包袱，实现自我解放。

我与历史教育之间的故事，多少有点像人们说的“先结婚、后恋爱”。在并没有完全做好准备的情况下，我进入了这个岗位。在没有充分认识到这份工作的意义时，我内心有过迷惘。现在，我想这份工作已经让我在“世界—国家—社会—家庭—个人”的图景想象中找到了自己的位置，在实现学以致用的同时，放下虚妄，脚踏实地，做更好的自己。这就是历史教育对我最大的魅力所在！

十九年初心不改

徐海滨[①]

自2001年走出校门，成为一名历史教师，倏忽间，已经过了19年。19年！苏武北海牧羊19年！司马光撰写《资治通鉴》19年！19年的时间足够历史上很多伟大的人物做出伟大的成绩。而我，一直是一名普通的中学历史教育工作者。其间，工作单位有变化，工作岗位有变化，但是，从事历史教育的初心没变！

我想，支持我历史教育初心不改的，正是历史教育的魅力所在。

还记得我登上职业舞台的第一节课，是上高一历史教学第一课——“导言”。

在这节课上，我试图用我所理解的历史教育承载的使命，向我的第一批学生说明，“我们为什么要学历史?”45分钟的课堂，我所说的很多话迄今记忆犹新。

“一个民族的发展不能忘记历史!”“以铜为鉴，可以正衣冠，以人为鉴，可以明得失，以史为鉴，可以知兴替。”“欲知大道，必先为史。灭人之国，必先去其史。”这些话，在我此后14年的一线教学生涯中，每带一轮高一新生，都会重复一次。

今天看来，这些话对于十六七岁的高中生而言，似乎过于理性，过于枯燥，过于说教了。如果今天我再上一次导言课，我会设计出更加贴近学生的生活，更加激发学生的历史学习兴趣，更加突

① 作者简介：徐海滨，北京市教研员高级研修项目学员，工作于北京市朝阳区教育研究中心。

出学生主体地位的历史课。但是，不能否认，那是一个历史教学初学者，试图在自己的课堂上，在自己的学生心中播下一粒尊重历史的种子。我坚信，虽然我的学生中绝大多数，在未来不会从事与历史相关的工作，但是他们在我历史课堂上听到的一些话，一定会在他人生的某一个瞬间，帮助他做出正确的价值判断。

正是基于此，19年来我历史教育的初心不曾改变。

2018年，我已经从一线历史教师转变为历史教研员。这一年，我承担了北京市教委“十九大精神特色示范课堂”的教学任务。此时，我已经脱离教学一线三年。我问自己：作为教研员，我还会上课吗？我还能通过自己的课堂教学，践行自己的历史教育理念吗？我对自己说：这是一个机会，我要试试。因此，我做了“从‘秦律’看秦朝的‘法治’”教学设计，并进行了课堂实践。

如何设计这节课呢？此时，恰逢刚刚召开完党的十九大。我认为，历史课堂应该也必须成为贯彻党的十九大精神，宣传习近平新时代中国特色社会主义思想的主阵地。“法治”思想是十九大精神的重要内容之一。建设中国特色社会主义法治体系、建设社会主义法治国家是全面推进依法治国的总目标。我认为“法治”精神绝不是舶来品，也绝不是西方精神文明所独有。早在两千年前，中国就已经具备了相当程度的“法治”理念，特别是秦帝国的法律思想，直到今天也还有很多可供借鉴的意义。

于是在教学中，我引领学生探究“秦律”相关出土文献史料（《云梦睡虎地秦简》《里耶秦简》），理解“法治”思想下秦帝国制度的内涵，培养学生史料实证观念；通过史料探究互动教学，认识“秦律”是秦朝中央集权制确立的工具，理解秦朝“法治”实践的得失，提升学生历史解释能力；认识“法治”思想是我国优秀传统文化的重要内容。

课堂上，随着一段段原始史料的展示，学生也伴着一阵阵惊呼：“秦代的法律原来是这样的！”秦律中有区分刑事责任能力的规定，犯罪区分故意与过失；盗窃按赃值；共犯罪与集团犯罪加重处罚；累犯加重；自首减轻处罚；诬告反坐；犯罪连坐。秦法“虽严且公，虽苛且正”！

这样一堂历史课的学习就是一次引导学生深度理解我国优秀传统文化的精神内涵，激发其对国家的认同感、自豪感的家国情怀体验课程。这节课让我再次认识到，中学历史教育的使命就在于通过历史学习让学生确立对本国历史和文化的认同感、对国家和民族的责任感和使命感以及爱国主义情感。这些情感会深深地影响他们的一生。他们会自觉捍卫国家主权、尊严和利益；尊重中华民族的优秀文明成果，自觉传播弘扬中华优秀传统文化和社会主义先进文化，具有为实现中华民族伟大复兴中国梦而不懈奋斗的信念和行动。而在此方面，中学历史课程有着得天独厚的优越条件。作为一名中学历史教师，就应充分地发掘这些资源、利用好这些资源，让历史教育的功能实现。

除了国家层面以外，我认为历史教育的魅力还在于培养“具有人文精神的人”。

“具有人文精神的人”具有古今中外人文领域基本知识和成果；能理解和掌握人文思想中所蕴含的认识方法和实践方法；具有以人为本的意识，尊重、维护人的尊严和价值；关切人的生存、发展和幸福；具有艺术知识、技能与方法的积累；能理解和尊重文化艺术的多样性。中学基础教育的重要内容之一就是强化人文教育，这是时代发展的要求，也是新世纪课程改革的目标之一。

人文素养教育内容广泛，其中最主要也是目前最引人注目的就是独立思考的精神，它是人文素养教育的主要内容之一。所谓“独立思考的精神”，就是不人云亦云，不随波逐流。历史教育秉承的“论从史出，孤证不立；多角度分析，辩证地看待问题；有一份材料说一分话”等教学原则，就是引导学生独立思考的天然条件。

我从事历史教研工作以来，有大量机会深入不同层次的历史课堂。在一些历史课堂上，教师讲课流畅，学生思维活跃，知识讲授准确，无论从哪些方面评价都是很好的历史课。但是我经常感到美中不足，那就是学生缺乏独立思考的精神。历史课本和社会舆论给很多历史人物留下了刻板印象，学生的思考不敢超出传统。如何引导学生独立地思考？我作为历史教研员能够做些什么？

我想我能操作的层面无非两个：指导课堂教学、考试命题引领。为此，我有意识地在考试命题中进行求异思维的设计，引入史学研究的新成果，打破刻板印象。

我设计了一道试题“对秦始皇的再认识”：

秦始皇二十八年(前 219)，秦始皇第二次巡行，《史记》载：

乃西南渡淮水，之衡山、南郡。浮江，至湘山祠。逢大风，几不得渡。上问博士曰：“湘君何神?”博士对曰：“闻之，尧女，舜之妻，而葬此。”于是始皇大怒，使刑徒三千人皆伐湘山树，赭其山。

《岳麓书院藏秦简(伍)》相关律文涉及了秦始皇二十八年(前219)的东巡：廿六年四月己卯丞相臣状、臣绾受制相(湘)山上：自吾以天下已并，亲抚晦(海)内，南至苍梧，凌涉洞庭之水，登相(湘)山、屏山，其树木野美，望骆翠山以南树木，见亦美，其皆禁勿伐。臣状、臣绾请：其禁树木尽如禁苑树木，而令苍梧谨明为骆翠山以南所封刊。臣敢请。制曰：可。

注：岳麓秦简整理者推测：“此‘六’也可能是‘八’之误。”

(1)辨析上文所引史料，指出能确认的史实有哪些？有何不同。

(2)指出上文所引两则文献史料的类型，并分析其价值。

这样一道试题给了学生极大的冲击，完全颠覆了传统上《史记》对秦始皇残暴的描述。面对统一历史事件完全相反的记述，面对同样都具有极高价值的史料，如何取舍？

这样一道试题仅仅是一个初步的尝试，还远远谈不到成果，但它却是我历史教育生涯中秉持的一点初心：学习过历史的学生能成为一个具有独立思考精神，能做出正确价值判断的“人”。

19年的历史教育生涯让我深深感到，除了历史，没有哪一个学科能如此直观、深刻地对人类的灵魂、意识、信念、精神、行为方式、思想方法等产生如此巨大的影响，而我有幸从事了这一神圣的职业。我深知历史教育任重道远，但我永远会初心不改，带领我的老师们一起去追寻历史教育的魅力！

参与每个人的成长

王　绯①

历史教育参与了每个人的成长，会在每个人的身上留下痕迹，而这正是它的魅力所在。从我经历的几个案例中，可以清晰地看到历史教育教学的意义所在，更能深刻感受到它独一无二的魅力。

案例一

有一个小男孩升入初中后便开始住宿，每周回到家，他都会喋喋不休地讲述一周里发生的各种趣事。而这其中，他谈论最多的，居然是一周只上两次的历史课以及他的历史老师。他反复述说着历史课堂的多彩，历史老师的博学。他们无疑激发了小男孩对历史学习的极大热情。一次，他深夜啃读《中国文化与中国的兵》，看不懂的地方就上网搜索，态度认真极了。事后，我们才知道原来是历史老师推荐的书。又一次，因历史老师在联欢会上弹唱了一曲《花房姑娘》，他回来后居然要求学吉他，学唱那首已经久远的歌。还有一次，小男孩拿着历史考试的卷子兴奋不已，难以入眠。因为他拿到了班里的最高分，这对他来说，是最大的鼓励和褒奖……这个小男孩就是我的儿子，这位历史老师叫陈亚东，是一位名副其实的好老师。

案例二

暑期培训，一位59岁的历史老师坐在课堂上。他的与众不同不

① 作者简介：王绯，北京市教研员高级研修项目学员，工作于房山区教师进修学校。

仅在于他的年龄，还在于他的“忙碌”：左手的老花镜时戴时摘，右手急切地做着笔记。也许是一次记不住PPT上几个字，他的头频繁地抬起低下。连续几天，他都准时坐在那个位置，而他的那份专注却是年轻人所不及的。培训结束的那天，班里做了问卷。其他老师们快速地完成后离开了教室，开始了自己的假期生活。只有这位老师，一笔一画如同临摹书法作品般认真填写。最后，偌大的教室只剩下我们两人。他抬头歉意地冲我笑了笑，我会意了，赶忙说“不急，不急”。已近黄昏，落日的余晖透过玻璃，斑斑驳驳地落在他花白的头发上。我就这样静静地等着，沉浸在眼前的画面所带来的感动里——他在问卷中写下的“我不愿离开我的历史课堂”。这一幕，在我心上深深地留下了烙印。

案例三

从站在讲台上的一名一线教师，到教研员队伍中的一个“新兵”；从天天面对稚气未脱的孩子，到面对看不完、翻不遍的专业书籍；从备课、上课到听课、评课，我的每天都是如此地充实和忙碌。曾经，教研员是我心中仰慕的对象。而当我走进这个团队时，才深深地感受到，这份仰慕的背后，是挑灯夜战的辛苦，是学无止境的拼搏，是四处奔波的疲惫，是甘为人梯的奉献。做老师时，最爱看课堂上孩子们的眼睛，那里有崇拜、信任、渴望……做教研员后，最爱看课堂上的老师，那里有自信、满足、享受……

回首这些经历，我不禁思索，历史课为什么能让孩子们喜欢，让老师们留恋？

对于初中学生而言，在他们心中，“历史老师＝历史课＝历史学”。“亲其师信其道”是自然的。遇到一个学识渊博、幽默风趣的历史老师，是他们爱上历史学习的前提。课堂上，他们在老师的引领下参与了历史发展的进程，亲眼见证了所有的历史沉浮与时代变迁，看着身处的中国和远方的世界一点点发展成了今天的模样。仅仅是这个过程，就足以令人心潮澎湃。这是历史课堂教学的原动力。所以说，历史教育魅力的原动力不在教育学和心理学，而在历史学。但光有原动力还不行，教师还需将新课改的理念内化为一个个历史教学细节，才能使历史的魅力迸发，吸引着课堂里每一个生命，让他们在充满幸福感的课堂中加油起动，快乐学习。每个不同生命体验、不同性格爱好、不同气质的学生在历史细节中，都能从不同的角度和层面获得不同的理解和感悟！利用好历史细节的课堂，每个学生都能有所收获，都能感受到自身的价值、追求，进而收获幸福。如此，基于人的成长、发掘人的潜能、激发人的创造力的历史课就会在孩子们面前熠熠生辉。

对于广大历史教师而言，在孩子们面前，他们是施教者；在历史面前，他们是永远的学习者。每个人的成长都是一部历史，人类是依靠记忆而生存的。共同的记忆和个体的记忆让我们明了“我是谁”。学习历史，了解历史长河中的浮浮沉沉，有名无名的忧伤与快乐，有助于明了自己的位置，进而给自己一个恰当的定位。历史由一系列事件构成，由不同视角的人根据不同的史观分析而来。学习和研究历史，了解这些事件不是目的，透过它们，学会分析，学会推理出合乎情理的见解，使我们在长期的潜移默化中有足够的心态来处理所遇到的问题是其真正价值所在。所以，历史老师的境界是和其他老师大不相同的，我们总能够把很多事情看得清楚，想得明白。

无论是谁，在学习历史的过程中，在感受历史的变幻中，我们都能体会人类的伟大与渺小，体悟历史以独特的视角展示人类伟大的经历，体悟人和社会为了适应各种必要的或偶尔的选择而做出的调整，理解很多由于错误的决定或无视历史教训而导致的沉痛代价，进而学会警醒自己：忽视过去，我们便有可能再次成为过去的囚徒。当我们明白了这些，便会变得谦卑而豁达，明白不是所有的问题都会有解决的办法，应该对人类和世界的偶然性与不合情理做好准备。最终，当我们面临当今遇到的各种难题时，我们能意识到，选择是多样的，不同的选择会导致不同的后果。因此，我们既要能够对他人的选择报以理解和宽容，又应对自己的选择保持慎重与负以责任。

我们的历史教学，绝不仅仅是死知识的明细，更是思维的引领，以自己的见解触动学生的智慧，以自己的智慧触动学生的思维。我们的历史教育，既不是一味地让孩子们接受和消化，也不是让他们不知所谓地表达，而是在循序渐进中引导他们去感知、感悟、反思，实现自我内化。

从儿子身上，同人身上，自己身上，我感受到历史教育的最高境界——让学习者认识到历史学习终生受用，从此爱读历史，自我学习和自觉学习，认识到历史本身的价值在于提供价值观和反思借鉴，从历史的角度思考现实与未来，形成一定意义上的使命感和关乎人生意义的追求，甚至为了社会、人类做出不同程度的思考与奉献。

历史教育究竟魅力何在？就在于它参与了每个人的成长。

三代人的吸引与传承

程艳丽[①]

接到杨朝晖教授的邀请，写一篇关于历史教育魅力的感悟小文，很是感激。杨教授说，不要大段论述，要有感而发，有情而记。牢记要求，这篇小文就从两个与历史教育有关的平常人说起。

第一位是我的中学历史老师，曹大梅老师。在我上中学的90年代后期，小县城中学的老师，专科学历尚少之又少。曹老师是正宗山东大学历史系的高才生，学识渊博。她个子小小，但很干练；说话声声慢语，却充满力量。在别的老师的教学还停留在崇尚背书和打手的时候，她的历史课就用魅力网住了一群农村少年。历史课仿佛为我们打开了一个全新的世界，会见往日的英雄豪杰，重过昔日的种种生活，既有温度、富于人情味又睿智，教人看透历史与现实。二十多年过去了，我依然清晰地记得曹老师说："历史总是螺旋上升。"那个时候，我感觉世界上没有比历史更美妙的学科了。

第二位普通人是我的学生，范梦祥。他是一个很有才华的北京小伙儿，善言谈。高三的时候执意要报考历史系，家里人担心以后就业有压力（这也是社会上的一种普遍认识）不同意。小伙儿多次抗争，从自己的爱好（相声）说到对历史人物的痴迷；从对书籍的热爱说到对历史问题的研习；从对学习的忠诚到对历史课堂的热爱，我这个历史老师也是加分项，最终如愿以偿。如今他已经是历史系的研究生，且成为新东方的名师，深受学生的喜爱。能够将热爱坚持

---

① 作者简介：程艳丽，北京市特级教师工作室项目2019级学员，工作于北京市第一七一中学。

下去，是值得所有人敬佩的。

两个故事的中间人是我，一个普通的历史教师。三个人就像是三代人，虽然是千千万万历史教育传承中最平凡的故事，却呈现了历史教育朴实又深刻的魅力。中学历史教育的魅力是什么？

历史研究的吸引力。历史是什么？自人类有记忆开始，这个问题就存在了。历史说复杂极为复杂，说简单也可以称为简单。它是用时间串起来的人和事。“历史的前进没有既定的模式，一切有待于人的努力、人的创造。而人的努力、创造也要有既定的社会矛盾做凭靠，在历史的重要关头，人们面临着多种机遇的选择，历史看似可左可右，可前可后。[①]”为了搞清楚规律与机遇，历史研究者们前赴后继，乐此不疲。中学历史教师，虽然很难有时间和经历去完成相当分量的历史研究，但也常常有“破案”体验，通过种种蛛丝马迹的材料，找到线索，解决历史问题的过程，抽丝剥茧，实乃人生的一大乐趣。一次，我备鸦片战争一课时，遇到这样一个问题：据《剑桥中国晚清史》的统计，在鸦片战争前，鸦片贸易占到中英贸易一半以上(这是一个广为人知的史实)，而在整个19世纪，鸦片是世界贸易中交易金额最大的单宗商品。与此同时，国内鸦片种植也十分普遍(这个是中学历史课本中很难见到的史实)。通常教学中关注点在鸦片战争是英国向中国大量输入鸦片，鸦片战争之后鸦片的状况很少提及，那么为什么鸦片在国内会普遍种植？清政府的禁烟到底还有哪些不清楚的因素？带着有意思的问题，我从17世纪中国开始有吸烟者查起，经清政府的严禁与弛禁、鸦片战争、清末禁烟遇到的抵抗、民国时期禁烟形同虚设等问题，一路下来，对近代鸦片问题有了清晰的认知，揭示了一些过去不为人所知(主要是教科书和中学生所误解)的历史问题，有一种难以言表的满足感。中学历史教师，首先是历史的学习者和研究者，才能做好中学历史教育的

① 戴逸：《十八世纪的中国与世界》导言卷，沈阳：辽海出版社，1999年，第3页。

实践者。凡在历史教育中吸引人的中学教师都少不了对历史研究的热爱，前文中曹老师是我最早见到热爱研究历史的中学老师，身边的老师朋友也大多如此。所以我将历史研究的魅力放在中学历史教育魅力的首位。

历史课堂的智慧。历史课堂是中学历史教师与学生对话的阵地，也是历史魅力最直观的呈现环境。当今社会，绝大多数历史的传承是在课堂中完成的。通常我们把历史智慧归纳为见自己、见天地、见众生。我个人认为，在历史课堂中生成的历史教育魅力在于"对话"：师生与历史的对话。对话承载了师生智慧的发展。在讲授"宋明理学"一节时，曾遇到"宋明理学的影响"的一个小插曲让我感受颇深。一般来说，对宋明理学的影响，我们强调两个方面，一方面认识到宋明理学对儒学及整个社会风气的积极影响，如士大夫的家国情怀，另一方面也要认识到宋明理学对人性的压抑，出现频率最高、遭到批判最多的就是"存天理，灭人欲"这一主张。上学期有学生就提出疑问：朱熹是理学的集大成者，他的思想里有很多理性的光辉，他真的强调去除人的一切欲望吗？这个问题提得好，他将我们自认为的客观、辩证观点推进了一步。课堂上就展开了争论。实际上朱熹说得很清楚："问饮食之间，孰为天理，孰为人欲？……曰：饮食者，天理也；要求美味，人欲也。虽是人欲；人欲中自有天理。"因此，"灭人欲"是指克制那些超出社会道德规范的过度欲望，而不是完全的禁欲主义。就在大家以为这个问题已经告一段落的时候，有学生又提出什么时候"存天理，灭人欲"？朱熹为什么会提出这样一种观点呢？我顺势将这个问题变成小组合作探究题目。理性批判的力量再进一步升华。坦白说，课堂中凡学生未有疑问的内容，基本上在常年的教学中变成了定式。而恰恰是师生与历史的同步对话，使得双方思维深入发展，智慧不断增长。

历史教育对人的意义。中学历史教育是人的教育。知识不是中学历史教育的终极目的，能力也不是，人的完善和发展才是。在基础教育的舞台上，历史教育面向全体学生，《中学历史教学参考》任世江主编曾将历史课的思想引领归纳到让学生做到三个“对得起”，即对得起自己、对得起他人(国家)、对得起大自然。疫情中有一条刷屏的新闻让我再次思考中学历史教育对学生究竟能起到怎样的人生影响。新闻的大意是，有很多地方的中小学生，因为家庭条件所限，无法正常上网课，他们或者坐在悬崖边上，或者坐在漆黑的村委会门口，或者爬上楼顶，或者爬进深山，只因为这些地方网络信号好。我们的历史教育除了给予学生正面的社会价值规律，还能够给学生什么？经受挫折，强化战胜困难的勇气，拥有忍耐痛苦的胸怀、迎接挑战的气魄和战胜自我的魅力，这是在众多人格教育中极为重要，甚至是最重要的内容之一。历史上但凡对国家和人类做出贡献的，都是具有上述品质的典范。从司马迁到谭嗣同，从苏格拉底到林肯，挫折逆境中展现了更多的人性光辉。

历史教育的魅力是说不完的话题。最后，作为普通历史教师的一员，我以自己的朴素愿望结束这篇散论。希望我能够坚持做传承历史教育魅力的一员，向“有理想信念、有道德情操、有扎实学史、有仁爱之心”的“四有”好中学历史教师迈进，做个逐渐完善的历史教育者，享受历史教育所带给我的幸福感。

一路追寻它的魅力

孙淑松[①]

十年前，我怀着忐忑不安的心情走进北京市第一零一中学。彼时的我，还不清楚自己面对的是什么样的工作环境和工作挑战。我需要用行动来回答：我能否胜任中学教师这份工作。十年后，我逐渐感受到了历史教育的魅力，从容应对中学教育的挑战。这份从容，既是源自历史教育带给我的成就感，又是源自历史教育对我自身的提升。入职以来，我经常扪心自问：我教给了学生什么？学生从中学到了什么？怎样可以做得更好？关于"论历史教育的魅力"这个话题，我想尝试从以下三个方面分享我的思考。

一、历史教育教会学生学会思考

关于中学历史教学的功能定位，仁者见仁、智者见智，我个人对这个问题的想法是：历史教学，首先是教给学生历史知识，这是历史学习的基础，但这又远远不足。中学历史教学，应该通过层层递进地分析史料，培养学生分析史料的能力；通过深入分析历史过程的来龙去脉，引导学生探寻历史背后的必然性和规律性，使学生在学习历史和分析史料的过程中培养历史能力和素养，最终形成学生自己的历史认识和历史解释能力。历史知识可能会被遗忘，但历史能力和素养会被沿袭和迁移，可以用于解决现实问题，比如"有一分材料说一分话"的科学精神，比如历史地、辩证地看待历史人物或历史事件的素养等。

---

① 作者简介：孙淑松，北京市特级教师工作室项目2019级学员，工作于北京市第一零一中学。

将历史事件置于当时的时代背景中去考察，历史地看待问题，是中学生需要培养的重要素养之一。但这种素养的培养，又不能简单地依靠说教或是背书，是需要教师在宏大叙事基础上的细致分析。比如，在学习西方思想的发展时，学生经常搞不清楚，既然“人文主义”贯穿于西方近代思想发展的始终，那古希腊人文主义和文艺复兴、启蒙运动的人文主义有什么不同呢？

不同的时代有不同的命题，抓住了这些命题，就可以理解不同时期思想家眼中人文主义的不同之处了。我在讲解这部分知识时，重视引导学生分析不同时代的命题。古希腊时代的背景是民主政治的发展，凸显了人的作用，但是公民权是依附于城邦的，公民的政治权利与城邦存亡息息相关，因而古希腊思想家思考的问题就是“民主政治需要什么样的公民”。对此，智者学派认为城邦需要懂得辩论的公民，主张培养公民的辩论技巧；苏格拉底认为城邦需要具备美德的公民，主张挖掘公民的内在美德。文艺复兴时期的时代背景是天主教会笼罩欧洲，控制了人们的宗教信仰和世俗生活，这就引起了新兴资产阶级和教会神学的矛盾。此时人文主义者关注的问题是，人是否可以享受现世的幸福生活，而不必只把眼光放在虚无缥缈的来世，因此文艺复习时期人文主义的内涵就是“人可以过什么样的世俗生活”。宗教改革的时代背景是天主教会贪婪腐化，垄断信仰，干预政治，聚敛财富，此时的宗教改革家关注的问题是“人可以过什么样的宗教生活”。他们更加关注信仰的虔诚，主张信徒与上帝之间可以对话，实现信仰自由，强调信仰的自主权。启蒙运动的时代背景是封建君主专制日益成为资本主义发展的障碍，启蒙思想家关注的是“人可以过什么样的政治生活”，国家与公民的关系如何，国家主权应该归属于谁，国家应该如何保障公民的民主权利。

关注时代背景，抓住时代命题，才能更好地理解“人文主义”思想的内涵，只有这样，我们才能较为全面地引导学生看待从智者学派到苏格拉底，到但丁，到马丁·路德，到伏尔泰，一直到今天西方人文思想内涵的差异与变迁。在不断变迁中，“人”的内涵越来越丰富，作用越来越重要。当然，这些人文思想之间并不是只有差异，还有继承和沿袭，那就是对“人”的作用的重视，对“人”的价值的深入挖掘。看到西方思想的变与不变，可以培养学生“历史地、发展地”分析问题的能力。

这种“历史地、发展地”分析问题的能力，除了用于历史学习，还能应用在分析历史和现世问题中。最近发生的一件事让我印象深刻。2019 年底到 2020 年初，我国发生新型冠状病毒肺炎疫情，尤其以湖北地区最为严重。为了更好地帮助湖北省走出困境，中央决定由各省对口帮扶湖北一市。各省都派出省级代表队，唯有江苏与众不同，13 个地级市各自组成代表队，奔赴湖北，社会戏称“散装江苏”。我们对此除了感动，也只是付诸一笑。有一次上课，我跟学生聊起这个问题。有个学生突然问我：老师，“散装江苏”是不是跟元朝行省制度有关？接着，他详细讲述了理由：根据老师上课讲的，在元代以前中国主要以“山川形便”的原则来划分行政区，行政区内部的自然属性与经济、文化一体化趋势较强，相对独立，容易产生割据局面。从元代开始，实行行省制度，采取“犬牙交错”的原则，任意将自然环境差异极大的地区拼成一个省级行政区，削弱地方的经济、文化认同感。这样的结果就是拼凑起来的省级行政区内部联系并不紧密，比如江苏，苏北和苏南的经济、文化，甚至口音都迥然不同，也是形成“散装江苏”的重要历史因素。听完他的分析，我觉得这才是把历史学明白了，学以致用了。不过我又提醒他，元朝以“犬牙交错”的原则划分行省，确实是造成“散装江苏”的历史原因之一，但元朝时江苏和河南还是在一个行省，属于河南江北行省。到了清朝，清政府进一步缩小行省规模，才有了现在的江苏省。在历史和现实的交织中，我们的历史教学被赋予了现实的意义，才有价值。

二、历史教育可以教会学生学会成人

历史学习传递的是知识，培养的是能力，但历史教育的对象是学生，是以后会成为社会主宰的活生生的人。人是有温度的，历史也就有了温度。虽然历史发展过程中阴谋诡计比比皆是，但历史的主流依然是人性、是善良、是道德。设置历史课程的目的，不是把学生培养成精致的利己主义者，也不是让学生变成精通阴谋诡计的厚黑之人，而是要通过历史人物和时间的熏陶，使学生成为有情怀、有责任、有担当、有追求的未来公民，培养对人类和民族的情感认同，这就是历史核心素养的家国情怀。

中国传统文化和西方文化中都蕴藏着非常丰富的教育案例，对于培养学生的共情和怜悯起到非常好的推动作用。

比如，高中历史必修三“百家争鸣和儒家思想的形成”一课，其中讲到了儒家的创始人孔子。在讲授这部分时，我没有直接讲解孔子的思想，而是从孔子的家世和生平入手。孔子的第十四世祖是微子，因不满商纣王的暴虐投奔周武王，被封为宋国诸侯。到了十世祖弗父何时，地位降为卿。到了六世祖孔父嘉，被太宰华督谋杀。为了免遭华氏迫害，孔子的第三世祖逃往了鲁国，成为了大夫。从诸侯到卿，再到大夫，孔子的家世逐渐没落，但无论如何，孔子对古典文化的痴迷从未动摇。《史记》记载，“孔子为儿嬉戏，常陈俎豆，设礼容。”15 岁时“有志于学”，前往洛邑向老子请教礼仪。

辞任鲁国高官后，孔子带领弟子开始了长达 14 年的周游列国，这一年，他 55 岁。孔子一行先后周游了卫国、曹国、宋国、郑国、陈国、蔡国等，最后返回鲁国。在周游途中，孔子曾经多次遭遇险情，被围困于匡国尤其惊险。阳虎是鲁国卿大夫，他没有提前请示就擅自带兵越过匡人国境去郑国，因此得罪了匡人。孔子外貌很像阳虎，他周游到匡国时，被匡人误认为阳虎，围困了五天。弟子们焦虑万分，孔子淡然地说：“天之将丧斯文也，后死者不得与于斯文也；天之未丧斯文也，匡人其如予何?”后来经过再三解释，才最终消除了误会，孔子一行安全离去。后来孔子在郑国都城与弟子失散，被人嘲笑为“丧家之犬”；他和弟子在陈国和蔡国之间被围困，粮食断绝。这一连串的挫折，不但没有消磨孔子的志气，反而使他更加淡定和从容。正如余秋雨所说：“孔子对我们最大的吸引力，是一种迷人的‘生命情调’——至善、宽厚、优雅、快乐，而且健康。他以自己的苦旅，让君子充满魅力。”无论是孔子“十五有志于学”，还是颠沛流离的周游生活，对孔子而言，都是一种重要的人生体验；对学生而言，可以提升他们对圣人情怀的感知，深切体会孔子身上那种坚韧不拔的精神。

类似孔子这样的案例，教材中还有很多，有待于教师们去发掘。如果只是讲解历史知识，那历史就失去了重要的道德启蒙作用。古人的道德师范和人格魅力对学生的影响，远超过课本的知识。

三、历史教育促进教师不断成长

工作久了，难免存在懈怠情绪，沿用以往的备课本和课件，对学生课上提出的问题，敷衍几句就应付过去了，因为这样最轻省，还不必有思考的痛苦。长此以往，教师就会沦为教书匠。对这种现象，我始终战战兢兢，极其不愿成为那种混日子的教书匠。在经历了十年的教书生涯后，我逐渐意识到：我们这些中学历史教师所教授的历史知识，不过是教科书中的知识加上自己读过的书，以及自己的体会和感悟糅合而成的知识，是自己眼中的知识，其中掺杂了自己对历史的理解和解释。因此，读书越多，对历史事件整体和细节的把握也就越充分，也就越接近历史的真相。同时，我们还需要用一种学生能理解的方式和途径表达出来，因此，历史教育对中学教师的教学能力提出了很高的要求，既要有专业性，又要基于学生的认知能力。正是中学历史教育带来的巨大挑战，“逼迫”我既要不断深入研究历史学术研究发展的前沿和研究成果，又要关注学生的学情，努力提升自己的教学能力。

随着信息技术的发展和网络的普及，学生获取信息的渠道日益多元化，他们对历史的了解也越来越深入，这就对教师的专业发展提出了更大的挑战。笔者在工作之初，曾经遇到过一件非常令我震惊的事。记得当时是给本校人文实验班的学生讲古希腊的民主政治，开篇提到了特洛伊战争。我本来只想简单描述一下特洛伊战争的故事，一个学生举手示意，他对这个问题很感兴趣，想要讲讲。我心里想：古希腊的历史距离我们那么遥远，一个学生能了解多少特洛伊的事呢，不妨让他展示一下。完全出乎我意料的是，这个学生不仅将特洛伊战争的起因、双方将领、战争过程娓娓道来，还对其中的某些细节提出了自己的质疑，并征询我的意见。他整整讲了一节课，引来了我和其他学生的赞叹。这件事深深触动了我，我想起了韩愈在《师说》中脍炙人口的一句话，“弟子不必不如师，师不必贤于弟子，闻道有先后，术业有专攻”。这节课也使我更加深刻地意识到：教学本来应该是教学相长的过程，教师的知识未必比学生丰富。只有认真阅读专业图书，拓宽专业视角，提升专业素养，才能更好地做好教师这份职业。

“论历史教育的魅力”这个话题是非常有魅力的。其魅力之处在于，这个话题永远没有固定的答案和逻辑，每一位教师对此都有自己的体验和感受。但无论教师的体验如何不同，其本质都是基于自己的教育初心，都是基于教师自身对教育工作的热爱，都饱含了对学生成长的期待。对“论历史教育的魅力”的探索，或许永远在路上。

归属·成长

王洪云[①]

什么是历史教育？中学历史教育的终极目标是什么？这些问题理应是每一个历史教师认真思考的，是应该有自己的回答的。百度百科这样定义历史教育：历史教育，是以历史和历史学为主要内容的教育活动。广义的历史教育，指人类社会各界所进行的以历史学为基础的教育活动。狭义的历史教育，特指学校教育中，以历史学为依托，以学生为主要培养对象，师生共同探究、成长的教育活动。作为一种理性的表达，这个定义可以说是言简意赅，然而，如何在课堂教学中引导学生探究历史的真谛，如何实现和学生的一同成长，确是难之又难的。对于历史教育的不同理解，直接导致了不同的教育行为。

归属——关于“学历史有什么用”的师生对话

按照美国著名心理学家马斯洛的“需要层次理论”说，“归属和爱的需要”是人的重要心理需要，只有满足了这一需要，人们才有可能“自我实现”。我觉得历史教育的一个重要的功能或者说是魅力就是让人获得归属感。记得刚刚踏上讲坛时，每每谈到历史的重要性，我总会搬出古人或今人名家的经典论述，诸如龚自珍“灭人之国，必先去其史”等，但是很少琢磨这种论断背后的思考。一次，一名初二的学生在上课前问我：“学习历史到底有什么用？”我没有

① 作者简介：王洪云，北京市教研员高级研修项目学员，工作于北京教育学院石景山分院。

立即回答，而是反问她："如果有一天你早晨醒来，突然不知道你是谁了，不知道你的过往，不知道哪些人在你的生命里留下过印记，你会有什么感觉?"她毫不犹豫地回答："恐慌，极度恐慌。"我追问："恐慌之后你会做什么?"她说："会抓住一切蛛丝马迹去找寻我的过去。"说毕，她略有所思点点头。我接着说："历史对一个国家和民族而言，就如同记忆对于你一样。历史是国家和民族的记忆，这里面有你的记忆，有我的记忆，有无数人的记忆。学习历史，才能更好地回答'我是谁''我从哪里来''又要往何处去'。"恰好那一节课的内容是"日寇的暴行"，我在上课伊始对全体学生复述了我和那个女同学的对话，而后以"追忆历史——我们应该记住什么?透视历史——我们应该认识什么?以史鉴今——我们应该做些什么?"为主线展开教学。那一节课，学生格外认真。

历史教育让人获得归属感，也许曾经的过往不那么辉煌，甚至是惨痛的，但它是真实发生的；也许原有的记忆会被蒙蔽，甚至是忘记，但只要用心寻找，总会拨云见日。正如有人所说，人类天生就有一种历史情结，正如孩子出世要知道自己的母亲，浪迹天涯的游子难以忘却故土，寻根意识、历史意识、家园意识都表现出对历史的依恋。埃及卢克索神宙法老像镌刻有一句话："我看到昨天，我知道明天!"到过那里的人，没有不被这句话震撼的。北京师大二附中的历史教师纪连海在回答记者"你认为司马迁做过最伟大的一件事是什么"的问题时，他说："当然是写《史记》，它让中国人有了历史归属感。"对此，我深以为然。

成长——基于不同教学立意的实践再创

2011年我担任了教研员一职，跟老师们有了更频繁的接触，课例研讨也成为我工作中非常重要的一部分内容。在与老师们一次又一次磨课的过程中，对历史教育的理解渐趋深入。

一次听了一位历史教师讲授的初中历史八年级下册"德、意、日法西斯的暴行”(北京版旧教材)一课，听后感触颇深。该老师在本课教学中设计了两个探究环节，第一是探究德、意、日三国是如何确立法西斯统治的？第二是探究上述三国是如何实施法西斯暴行的？在第一个环节，老师出示了一些图文资料，让学生比较全面地认识当时的国际形势和三国的国内情况，从而认识和了解三国法西斯统治确立的背景和过程，整个过程还比较流畅。而第二个环节就有些让人毛骨悚然了。老师出示了奥斯维辛集中营的图片，讲述在集中营中大量犹太人被屠杀，人皮被剥下，头发被剪下，牙齿被敲掉等，然后让学生猜猜人皮、头发、牙齿都用来做什么？学生们纷纷猜测，其间还不时能听到有学生因为别的同学猜错了而发出的小声的嘲笑。最后老师对法西斯的暴行进行了概括和总结，整节课就此结束。课后与老师交流为什么如此设计，老师回答是因为《历史课程标准》中要求让学生了解法西斯的暴行。再追问老师让学生了解法西斯的暴行又是为了什么？仅仅就是了解吗？老师沉默了，表示没有思考过这个问题。

这位老师的问题并非个例，很多老师在教学中都存在这样的问题，即课堂教学仅限于完成《历史课程标准》规定的知识内容，没有对学科价值和学习内容的内涵进行深入的挖掘，缺乏整体设计和明确的立意。

历史是培养学生人文素养的一门非常重要的学科，通过历史课的学习，应该让学生明辨是非美丑，关注人类命运，积极追求人类的和平与进步等。就本节课而言，让学生认识到法西斯的暴行是对人类文明的巨大破坏，是人类文明发展过程中的倒退；并且进一步思考“人类该采取什么样的措施才能避免上述悲剧再次上演”才是本课的重点，也应是本课的立意所在，而法西斯暴行的具体表现只是认识的载体。

在充分地与老师交流后，该老师进行了第二次设计和实施：让学生课前搜集资料，充分了解法西斯犯下的滔天罪行，课上进行展示；而后重点讨论：如何保护人类文明发展的成果，避免法西斯悲剧的再次上演？经过热烈讨论，师生从以下三个方面达成共识：一、惩办战犯，以明辨是非、警示后人；二、通过各种途径，如建立纪念馆和纪念碑、拍摄电影、举办展览等，让世人铭记历史，以史为鉴；三、建立国际组织、推动缔结国际公约等措施建立约束机制，从根本上斩断法西斯的源头等。整整一节课，教室里充满了正气，没有一个学生说笑，在对历史的反思和对人类未来发展的思考中，学生的人文情怀得到了浸润。

课后我再与老师交谈，老师感慨前后两次课的效果可以说有天壤之别，究其原因是对历史学科育人价值的认识和挖掘程度有差异。通过此次实践再创，教师认识到在做教学设计时，首先要认真地分析本学科对于学生而言独特的发展价值，而不是首先把握这节课的知识重点与难点。从育人价值的角度构思教学是通过求知和知识的应用来促进人的发展，对于具有丰富育人价值的历史学科来说，占领这个制高点尤为重要。历史教师不能仅限于对知识点的落实，应该注重挖掘历史教学内容的价值，以多元的历史视角，开阔学生的历史视野，培养学生的历史智慧。从这个层面上立意，围绕这个立意组织、整合相关教学内容，课堂教学才会扎实有效。

历史教育促人成长。历史作为一门人文学科，它始终以人心，以追问历史对于人的意义、价值为己任。它通过将人类积累的智慧精神与阅历经验传授给下一代，使人能洞察人生、净化心灵，理解人生的意义与目的，找到正确的生活方式。著名历史学家斯宾格勒在《西方的没落》一书中发人深省地写道：“我们若是要研究所有的历史，我们必须先解答一个迄今未提出的问题：历史为谁而存在？”出处？无疑，历史是人所创造的和所独有的，也是为人而存在的。我们常常能在历史中寻找到先人留下的借鉴和启迪：人的本质和价值是什么？生命的意义何在？什么是健康美好的人性？我们可以从大禹治水三过家门而不入，霍去病“匈奴未灭，何以家为”的名人事迹中接受良好品德的熏陶；可以从范仲淹“先天下之忧而忧，后天下之乐而乐”，林则徐“苟利国家生死以，岂因祸福避趋之”的慷慨陈词中锤炼自己的品格。所以我认为，历史是极“有用”的一个学科，历史教育也是极有价值的。作为历史教师，要在课堂教学中与学生一起探寻历史的真谛，引发学生的思考。学生只有从历史学习中领悟到真实深刻的人生时，才会迸发极高的学习热情，才会真正地将历史融入自己的生活，才会走好每一步，过好每一天。

师生共同的滋养

陈宇霞[①]

研究生时期杨朝晖老师提出"论历史教育的魅力"这个话题让我们思考，我想目的在于让即将成为或想成为历史教师的人清楚自己选择的这个职业的特质和价值，只有自己明白历史教师这个职业的吸引力所在，价值所在，才可能坚定地走下去，并用自信、积极的信念面对职业认同、职业倦怠等问题，不断提升自己的专业素养和格局。

那么历史教育的魅力究竟在哪里？首先要想明白历史教育的本质是什么。李传印在《历史教育与民族精神》中谈道："历史教育指的是通过各种渠道采用不同的方式向社会普及历史知识和历史观念的过程，以提高全社会成员的历史素养和基本素质。"[②]然而当历史教育的对象具体到初中生或高中生，其教育意义的指向更加明确。还记得杨朝晖老师在第一堂课上便开宗明义：中学历史的根本属性是为发生教育意义而被选择的历史，具有多重主观性，体现国家意志。当然，这并不是说为了发生教育意义就可以随意编撰历史，丧失史学的求真、求证意识，只是要根据教育对象去把握尺度和方向。比如初中生和高中生，由于他们的认知水平、思维能力等方面存在差异，在教育立意的选择上也会有所不同。以我拙见，初中生更偏向普及历史常识，初步学会用历史的角度和方法去观察和思考

---

① 作者简介：陈宇霞，首都师范大学教育学院2014级研究生，现工作于北京市密云第二中学。

② 李传印：《历史教育与民族精神》，《华中科技大学学报(社会科学版)》，2004年第5期，第17—22页。

人生与社会；而高中生则重于训练用更科学、全面、批判性的思维去理解历史、解释历史，并形成正确的价值观和人文素养。不同的定位是不是也正是要在不同阶段重复学习历史的原因呢？

历史教育的魅力首先在于历史本身的魅力。历史是人类集体的记忆和经验。经验是知识，知识之中抽离出来的东西就变成了智慧。“读史使人明智”就是这个道理。当你了解两次世界大战给人类社会带来的巨大灾难，你就不会在国家间充满火药味的博弈中轻易叫嚣战争；当你看过那张在德国法西斯魔爪下举起双手，大眼睛里充斥着恐惧的小男孩的照片后，你就不会容忍专制独裁，或把希特勒当作自己的偶像；当你明白“冷战思维”的实质和后果，你便不会“凡是敌人拥护的我们都反对，凡是敌人反对的我们都拥护”。了解历史，学习历史，是为我们更好地了解人类和社会，面向未来提供一条绝佳的路径。当然历史的魅力绝不仅仅在于“明智”，其本身展现出的或刀光剑影，或险象丛生，或感人肺腑，或震撼人心，或趣味十足，或冷血无情……这人类的画卷不论重新翻开多少次都有着无尽的魅力。

历史教育的魅力归根结底在于教育的魅力，用历史的视角去展现教育的魅力。在这里，我们不强调“灭人之国，必先去其史”和“历史是一种国家记忆，有民族记忆才有民族认同”之类的历史教育的必要性，单讲这份历史教育带来的人文之美，就足以让人沉醉。历史教育能够培养学生以人为本、关爱生命的人文情怀，能够培养学生健康理性的爱国情感，能够让学生深刻地认识自我和人类，成为见多识广、对当今社会有独立判断和见解的现代公民。这些足以激发一个教育者用最真挚的情感和最负责的态度去面对学生、面对课堂、面对这份职业或者事业。

如今，我已经是一名有了近三年教龄的高中历史教师，虽然常常忙碌到很晚，但是我作为教师的职业幸福感并没有被大量琐事所吞没，反而因为学生的表现、成长与日俱增，备感骄傲。我是否对学生的人格产生影响了呢？我并不清楚，也没有形成系统的经验，我的体会就是应该以身作则，做好的榜样。都说父母是孩子最好的老师，那么在历史教育上，教师自己的观点立场就很重要。我经常结合时事热点和教学内容，让学生发表自己的看法并做相应的引导。

抗日战争是我们民族历史的重要一课，承载了太多的民族苦难与力量。让我有些惭愧的是，这堂课当时并没有取得十分理想的效果。从学生最后发表观点的环节，我能感觉到那种对抗日战争、对民族精神的空洞茫然。课后反思原因，我认为主要是自己的教学设计出了问题，一方面出于教学时长和重点问题的考虑，另一方面是我个人比较感性，总想回避一些沉痛的历史，所以在史料的应用上、环节设计上都缺少呈现更鲜活的侵华史与抗争史，所以学生生成的认识必然是模糊的、空洞的、好听的话，而不是发自肺腑的家国情怀。

都说教学是一门遗憾的艺术，但这次我过不了这个坎儿。这一课过去，他们将来也许再也不会学习接触到抗日战争了。于是在与班主任商量之后，我利用一节班会的时间，上了一节主题为“历史记忆”的一课，并通过一些问题让学生写下自己的感想。课堂效果很好，有激烈讨论，有认真观看，这节课正好是下午最后一节，平常学生早就嚷嚷着要放学吃饭去了。让我感动的是，那天下课铃响起，班级依然非常安静有序，没有写完的同学一定会写完，甚至是双手将作业递给老师后才离开教室。我不出意外的在这堂课流泪了。我想我应该表现得更理性一些，让我欣慰的是，我的学生很“争气”。这份“争气”体现在他们更理性也可以更温情地对待民族的历史。

没过多久就赶上新中国70年华诞。在假期，我与学生争相为祖国献上一首赞歌。学生的诗作节选——

虽有百年屈辱，致使华夏沉沦，九州动荡。令我人民，饱受摧残，令我国家，分崩离析，仍有仁人志士，力为国民发声。维新变法，开我中华民主；三民主义，为我民族自强；社会共产，肩扛红色重任。战火殇殇，不乏卫国之志，锦绣山河，当命英雄捍卫；曾几何时，有士呐喊，一寸山河，一寸热血，十万河山，十万壮兵。曾几何时，有士奔走，追党柏林，起义南昌，奖帅百师，横过大江。

淇，三尺微命，一介书生，愿以先烈为师，效仿圣贤，致敬前人，学孔孟之道，习热血之书。

故我辈青年，当更为自强。复谢家宝树，慕宗悫长风。巡抚凌云壮志，再开华夏荣光。苍茫大地，我辈当主沉浮，七十华诞，祖国盛世无疆。

己亥之年，九月初三，逢此胜宴，感从心来。

拙作节选——

然康乾盛世，落日余晖。以天朝上国自居，不屑众邦之崛起。于是外敌入侵，炮火蹂躏，华夏沉沦，九州动荡。四万万同胞饱受摧残，无数仁人志士奋起救国。前有林公苟利国家生死以，后有戊戌君去留肝胆两昆仑。不惧牺牲，艰难探索，救亡图存，变法革命。五四洪流，唤醒大众爱国热忱，上海密会，肩扛红色民主重任。中国共产党人抛头颅洒热血，一寸山河一寸血，终见胜利曙光，中华人民共和国成立，重新屹立于世界东方！

岁月峥嵘，山河为证。从一穷二白、满目疮痍起步，七十载艰辛奋斗，七十载换了人间。世界强国唯我中华乃和平崛起，不沾染殖民鲜血！看这可爱的中国，还要“一带一路”，书写人类命运共同体的新篇章。然纵观今之世事，自知不可懈怠。仍有敌虎视中华，欲克我复兴之路。故中华儿女当自强！

学生的“三尺微命，一介书生，愿以先烈为师”令我动容，“故我辈青年，当更为自强”令我骄傲。因为历史教育的魅力是通过学生展现的，学生一代代变化，一代代传承是历史教育的使命。现象学教育学家范梅南说："教育学就是迷恋他人成长的学问。"[①]如果能因为从事历史教育，而对学生的人格塑造产生些许积极影响，这样的事业就是值得的。历史教育的魅力引导我走上教师之路，也在不断激励着我的教师专业成长，克服将来可能会出现的职业倦怠。我将面临永远鲜活的课题，我将收获无尽的幸福！

① 马克斯·范梅南：《教学机智——教育智慧的意蕴》，北京：教育科学出版社，2001年，第5页。

后　记

本文集是我多年在本科、研究生教学以及教育部、北京市教委委托首都师范大学主办的教研员、名师、特级教师等多种研修班的教学实践中积累的学习成果。其中选编了本科生4篇，研究生7篇，教研员8篇，教师28篇。虽然这些作者有着不同的身份和背景，但在我心中，他们都是一样的，平等的。因为他们都从事着一样的职业，站在同样的讲台上。同时，也因为各自身份、认识角度的不同，从而让我们对所从事的中学历史教育有了更加丰富而深刻的理解，因此，我对每一篇文字都格外珍视。

这些文章的内容也许有的还比较稚嫩，但都是大家用自己的心体悟出来的，是从心底里流淌出来的，是真实的，带着温度的文字。我坚持要求大家写自己的体悟而不是论文，是因为这才是教师真正信奉的，并在其教育教学实践中实际使用的实践性知识。这些实践性知识具有强大的价值导向和行为规范功能，能够指导甚至决定着教师的日常教育教学行为，进而成为他们的职业信念与习惯。

编辑此文集恰逢全国疫情肆虐。窗外，是漫天舞动的风雪以及一条条让人揪心的消息；窗内，则是我与每一位作者对于历史教育魅力的探讨与沟通。这成为我们在这一段难熬岁月的彼此温暖与享受。看到一篇篇重新修改后的文字，让我欣喜，让我感动。欣喜的是，从这些文字中，我能够看到大家已经将当年所学内化为了自己的认识，并践行在当前的岗位实践中。感动的是，大家对这一文字的撰写表现出了极大的热情和与投入。他们说：“我太喜欢这个命题了！它太有魅力了!”当然，他们也说：“这是我写过的最难的稿子!”的确，能把自己多年对于历史教育魅力的体悟付诸于2000多字的笔端，的确不是一件容易的事。因为这不仅是在梳理自己的教育思想，更是在寻找自己的教学灵魂。

疫情期间，很多教研员、老师同仁都在忙于制作网课，但是，这些都丝毫没有成为大家推脱的借口。有的老师为了写好自己的稿子，几易其稿，一遍遍打磨，甚至连续三次推翻原有构思；有的学生觉得自己当年的作业太稚嫩，又加入了新的感悟与实践；甚至有一天在凌晨1点多，我收到了一篇刚刚完成的心血之作……我深深地感受到大家对于历史教育的挚爱亲情，以及历史教育本身带给他们的那种情怀、视野、担当、谦逊、严谨和求索的精神。

同时，我也更加欣赏和赞叹他们每一个人对历史教育魅力的独特感悟。

段明艳老师说：历史教育给予我清醒、通透的生活，此为我对人生幸福的界定。作为师者，把这些幸福的感受传递给学生，我想，这也不失为一种历史教育的魅力吧。

王红光老师写道：历史教育的魅力在于影响。作为一名历史教师，我有幸以历史为礼物陪伴学生走过他们人生中最宝贵的一段青春岁月。在这样的日子中，一位位历史人物、一个个历史事件、一道道历史问题进入孩子们的头脑，留下了或多或少的印记，产生了或小或大的共鸣。历史教育在不同程度上融入了孩子的成长历程，在不经意间影响和改变着孩子的发展轨迹和人生选择。

盛宏意老师说：我与历史教育之间的故事，多少有点像人们说的“先结婚、后恋爱”。在并没有完全做好准备的情况下，我进入了这个岗位。在没有充分认识到这份工作的意义时，我内心有过迷惘。现在，我想这份工作已经让我在“世界—国家—社会—家庭—个人”的图景想象中找到了自己的位置，在实现学以致用的同时，放下虚妄，脚踏实地，做更好的自己。这就是历史教育对我最大的魅力所在!

龚玉玲老师说：伴随着对“历史教育”的思考与探索，我对历史教育魅力的认识不断加深。蓦然回首，那个曾经因为被历史系录取而试图想转系的我，早已安心并专注于历史教育教学二十多年了。回首过往，有过彷徨，也有过困惑，但一直在前行。之所以在跌跌撞撞中能够坚持向前摸索，最吸引我的不是学生在高考中取得的高分，而是历史长河中那些可歌可泣的、感动着我和我的学生心灵的人和事。这些人和事就像一种召唤，指引着我们不断前行，让我们的灵魂走向高尚。对于我来讲，这就是历史教育的最大魅力吧！

我相信在撰写修改这些作业的过程中，做一名优秀历史教师的种子和让历史教育焕发魅力的信念已然在每一个撰写者的心中扎下了根。这些信念会支撑着他们一路勇敢前行。我也相信这本文集会像蒲公英的种子一样洒落到更广袤的大地，引发更广大历史教育同人和师范生对历史教育的共鸣和理解，进而让历史教育的魅力在祖国各处熠熠生辉。

我深信这一点。

在此也感谢各位同仁、同学及出版社编辑对本文集出版的支持与信任。感谢孙文琪、张奋杰两位同学对本书所做的前期整理。文中不当之处也敬请指正海涵。

杨朝晖

2020 年 3 月 31 日